HISTOIRE

DE LA RÉVÉRENDE MÈRE

MARIE SAINTE-CÉCILE

ET DE LA CONGRÉGATION DES

DAMES DE L'ORATOIRE D'ANGERS

MADAME SAINTE-CÉCILE

Supérieure de la Congrégation des Dames de l'Oratoire d'Angers
d'après le portrait peint par Mme Villers de Lerne

ABBÉ E. RONDEAU

AUMÔNIER DE L'ORATOIRE

HISTOIRE

DE LA RÉVÉRENDE MÈRE

MARIE SAINTE-CÉCILE

ET DE LA CONGRÉGATION DES

DAMES DE L'ORATOIRE D'ANGERS

Avec un portrait et deux plans de l'Oratoire

ANGERS

GERMAIN & G. GRASSIN, IMPRIMEURS-LIBRAIRES

de Monseigneur l'Évêque, du Grand-Séminaire et du Clergé

40, rue du Cornet et rue Saint-Laud

1899

LETTRE

DE

S. G. MGR RUMEAU

ÉVÊQUE D'ANGERS

—

Angers, le 8 avril 1899.

Monsieur l'Aumônier,

Vous venez d'écrire un bon livre et de faire une bonne œuvre. Votre Histoire de la Révérende Mère Marie Sainte-Cécile et de la Congrégation des Dames de l'Oratoire d'Angers *révèle un chercheur opiniâtre, un historien consciencieux et un écrivain de goût. C'est un fleuron ajouté à la riche couronne des gloires religieuses de l'Anjou.*

Je vous félicite et je vous remercie de ce travail, où le cœur autant que l'esprit a guidé votre plume, et où la piété trouve sa large part à côté de l'histoire.

Je fais des vœux pour que ce volume soit accueilli avec la faveur dont il est digne et trouve de nombreux lecteurs.

Agréez, Monsieur l'Aumônier, l'assurance de mon affectueux dévouement en N. S.

† JOSEPH, Év. d'Angers.

PRÉFACE

C'est presque une dette de cœur que nous acquittons en écrivant cette histoire. Avant même de devenir aumônier de l'Oratoire, nous avions des raisons toutes spéciales de nous intéresser à cette maison. Notre mère et ses deux sœurs y avaient été élevées, et l'aînée des trois y avait pris le voile sous le nom de sœur Saint-Louis de Gonzague. Nous-même y avons été introduit tout enfant, présenté à la chère Mère Sainte-Cécile, et béni par le pieux abbé Mocher, le premier de nos prédécesseurs. Lorsque l'agrégation eut éloigné la vénérée fondatrice, notre mère ne cessa d'entretenir avec elle les relations les plus affectueuses et une correspondance qui ne fut guère interrompue que par la mort. Elle n'oublia pas davantage l'Oratoire, où la ramenait tous les ans la retraite des anciennes élèves. Sur la fin de sa vie elle vint habiter à quelques pas du pensionnat, où elle eut la consolation de voir entrer ses deux petites-filles. Cette double circonstance lui permit de fréquenter plus assidûment cette chère maison, où elle recevait de la bonne Mère Sainte-Claire et de ses excellentes religieuses le plus bienveillant accueil, et était l'objet des plus délicates attentions. Aussi lorsque, un an après sa mort, Mgr Mathieu nous envoya nous-même à l'Oratoire pour y exercer les fonctions d'aumônier, c'est avec une pieuse curiosité que nous avons demandé à connaître l'origine et le développement d'une maison à laquelle nous rattachaient de si doux souvenirs.

Pour répondre à notre désir, la digne

Supérieure voulut bien, non seulement nous communiquer, mais encore transcrire de sa main à notre usage une notice biographique rédigée au courant de la plume, avec autant de délicatesse que d'aisance, par la Révérende Mère Sainte-Bertile, et consacrée à la mémoire de la Révérende Mère Marie Sainte-Cécile. Frappé des détails aussi édifiants qu'intéressants réunis dans ce simple et touchant récit, nous avons pensé que bien d'autres trouveraient le même charme et le même profit à parcourir une telle vie, surtout si elle était complétée de tout ce que les documents authentiques ou les témoignages des contemporains pourraient ajouter à l'intérêt d'une première biographie.

C'est l'œuvre que nous avons osé entreprendre, et pour laquelle nous avons réuni tous les renseignements possibles.

M. l'abbé Yves de Kersabiec, qui le

premier avait formé le projet, trop vite abandonné, d'écrire la vie de sa chère tante, s'est fait un plaisir de nous apprendre des détails précieux sur la famille de notre héroïne.

A la Retraite d'Angers, avec l'autorisation de la Très Révérende Mère générale, que nous prions d'agréer ici nos remerciements respectueux, nous avons pu nous procurer et consulter à loisir :

Une notice biographique un peu plus détaillée, mais moins attachante, que celle de Mère Sainte-Bertile ; elle est due à la plume de la Révérende Mère Saint-Bernard ;

Les titres de propriété de l'Oratoire et ceux de la *Maulévrie* (campagne de *Lorette*), dont les premiers sont très curieux à parcourir ;

Certaines lettres adressées à la Révérende Mère Marie Sainte-Cécile par ses guides spirituels, tels que Mgr Régnier, Mgr Angebault, l'abbé Mocher, et Mgr Bompois ;

Un carnet relatant en détail le récit des derniers jours de l'abbé Mocher.

Nous sommes particulièrement reconnaissant aux RR. Mères Sainte-Hilaire, ancienne supérieure générale ; Sainte-Angèle, ancienne supérieure de l'Oratoire et bibliothécaire de la Retraite, et Marie Saint-Bernard, ancienne économe générale, à la complaisance desquelles nous devons ces importantes communications.

Nous avons aussi, avec grand profit, recouru souvent à la mémoire fidèle, et surtout à l'infatigable obligeance des anciennes Religieuses oratoriennes, les RR. Mères Saint-Philippe de Néri, Marie Saint-Bernard, que nous venons de nommer, et Marie Saint-Arsène, sans oublier la chère sœur Saint-Clément, la plus ancienne fille de la bonne Mère Marie Sainte-Cécile.

A l'Oratoire même, on a conservé, et l'on a bien voulu nous remettre, outre le manuscrit de Mère Sainte-Bertile :

Un cahier rédigé par la Révérende Mère Saint-Laurent, contenant d'importants avis spirituels, des instructions sur les fêtes et cérémonies de l'année liturgique, et un questionnaire détaillé sur la vie de N. S. à l'usage des Novices ;

Des notes judicieuses sur la vocation, sans désignation d'auteur ;

Un recueil d'*examens particuliers* rédigés avec beaucoup de sagesse sur le modèle de ceux qu'on lit dans les séminaires de Saint-Sulpice ; ils sont transcrits de la main de Mère Marie Sainte-Cécile, mais nous les attribuons à l'abbé Mocher ;

Un « abrégé d'histoire de France à l'usage des Dames de l'Oratoire », composé par Mme Félicité de Livonnière (1 vol. in-12. Angers, imprim. de Launay-Gagnot, 1835.)

Les archives de l'Évêché, que M. le chanoine Pinier nous a obligeamment mis à même de consulter, nous ont encore fourni d'intéressants rapports d'administration entre Mgr Angebault et Mère Sainte-Cécile, une lettre très instructive de Mère Saint-Laurent, et des notes précises sur l'enfance et la jeunesse cléricale de l'abbé Mocher.

De la Révérende Mère Marie Sainte-Cécile elle-même nous n'avons malheureusement pu retrouver des Mémoires probablement assez courts, dont Mère Sainte-Bertile a dû reproduire les principaux passages, mais dont nous aurions aimé à lire le texte original. Nous possédons seulement d'elle quelques lettres sans importance pour notre récit, et un cahier relié où notre chère Supérieure a inscrit le nom de toutes ses religieuses avec la date de leurs premiers vœux, toutes les dates mémorables de sa propre vie, et enfin toutes ses impressions et résolutions de retraite depuis le mois d'octobre 1832 jusqu'en septembre 1865 ; un autre cahier, qui faisait suite au premier, n'a pu être retrouvé. Ces notes, on le comprend, nous ont été d'un grand secours, pour retracer l'état d'âme de la pieuse Mère.

A tous ces documents nous pourrions ajouter certains détails intéressants que nous devons :

A M. Gabriel Rogeron, sur les relations de Mlle Boré, devenue sa mère, avec Cécile Prévost de la Chauvellière ;

A Mme Angibault[1], sur le pensionnat des Dames de Montgremier, dont elle avait été l'élève ;

A Mlle Massonneau, ancienne élève de Mère M. Sainte-Cécile, et première présidente de l'Association des Enfants de Marie.

Enfin nous avons indiqué ailleurs quelles ressources nous ont fournies les archives

[1] Décédée le 10 mars 1896.

nationales, départementales et municipales[1], pour faire l'histoire du vieux couvent de l'Oratoire, en décrire les transformations, et reproduire ou dessiner les deux plans qu'on trouvera insérés dans ce volume.

C'est à la suite de toutes ces recherches et à l'aide des matériaux qu'elles nous ont procurés, que nous avons essayé de faire revivre la vénérable Mère Marie Sainte-Cécile, et avec elle la Congrégation trop éphémère dont elle a été la fondatrice et l'unique supérieure.

Cette histoire comprend comme deux parties trop inégales en importance pour que nous ayons cru devoir les distinguer sous un titre spécial :

La première, où nous voyons notre digne Mère, après une enfance et une jeunesse qui

[1] *Mém. Soc. agric., sc. et Arts d'Angers*, 1897, p. 283.

faisaient pressentir les desseins de Dieu sur elle, prendre en main, organiser sous une forme religieuse et diriger avec succès l'œuvre fondée par MM^{mes} de Montgremier ;

La seconde est cette période plus modeste, marquée de peines intérieures très sensibles, où s'épure sa vertu et à laquelle elle doit sans doute ses plus beaux mérites ; elle commence au lendemain de l'agrégation pour se terminer à la maison-mère dans la pratique obscure des devoirs de la vie religieuse et l'exercice de la charité la plus dévouée.

Dans la première partie nous nous sommes étendu avec quelque complaisance sur l'histoire de l'ancien couvent des Oratoriens : nos lecteurs, curieux d'antiquités angevines, nous pardonneront cette échappée sur le domaine de l'archéologie. Dans la seconde peut-être trouvera-t-on que nous nous sommes trop attardé au récit quelque peu monotone des épreuves morales de notre

chère Mère ; mais n'est-ce pas l'histoire
d'une âme autant que celle de ses œuvres,
que nous donnons au public? Après avoir
exposé ce qu'elle a fait, n'était-il pas juste
de faire voir ce qu'elle a souffert ? Le zèle
fait ou révèle les saints, la douleur les
achève.

Notre travail eût été incomplet sans un
épilogue, où nous avons esquissé à grands
traits l'histoire de l'Oratoire depuis le départ
de la Révérende Mère M. Sainte-Cécile,
et un appendice où nous achevons de faire
connaître les excellentes Religieuses qu'elle
et l'abbé Mocher avaient si bien formées.

Du reste, nous ne nous faisons pas illu
sion sur les défauts de fond et de forme qui
déparent un ouvrage trop souvent interrompu
par les exigences de notre ministère. Tel
qu'il est, nous osons néanmoins le présenter
au public, avec l'espoir qu'il sera lu avec

quelque intérêt par les personnes auxquelles nous le destinons.

Les religieuses de la Retraite, qui ont accueilli si cordialement leurs sœurs de l'Oratoire, ont le droit de s'approprier, comme un légitime héritage, les souvenirs honorables laissés par une Congrégation et un Pensionnat qu'elles ont sauvés en les adoptant. Elles trouveront aussi dans la vie de la Révérende Mère M. Sainte-Cécile, des détails bien faits pour leur inspirer l'amour des vertus de leur saint état.

Les plus anciennes élèves de la maison, en relisant l'histoire de leur vénérée Supérieure, aimeront à se rappeler, avec sa maternelle bonté, ses leçons et ses exemples, empreints les unes et les autres d'une foi si vive et d'un zèle si pur.

Nos élèves, à leur tour, apprendront de la bouche même de cette sainte femme quels dangers court une piété naissante au contact du monde et de ses plaisirs. Elles admireront cette fidélité à la grâce, ce courage héroïque qui lui fit surmonter tous les obstacles pour répondre à sa vocation. Elles verront enfin que, si la vie religieuse réserve à celles qui l'embrassent de grandes consolations et de précieuses garanties de salut, elle n'est point exempte d'épreuves, dont Dieu afflige de préférence les âmes les plus généreuses, pour les perfectionner et les récompenser ensuite plus magnifiquement.

Enfin nous aimons à croire que ceux qui s'intéressent au passé de notre bonne ville, verront avec plaisir fixer dans ces modestes pages le souvenir d'une femme qui a honoré par ses services, comme par ses vertus, un nom déjà noblement porté, et celui d'une institution à laquelle sont redevables nombre de familles angevines.

Nos lecteurs nous sauront peut-être gré d'avoir joint à notre texte deux plans de notre Oratoire et le portrait de la Révérende Mère M. Sainte-Cécile.

Le premier plan, que nous avons déjà publié dans les Mémoires de la Société d'agriculture, sciences et Arts d'Angers (tome XI, 1897), et qui était jusque-là inédit, est une réduction de celui que les Oratoriens d'Angers adressèrent à leurs Supérieurs de Paris, pour être autorisés à rebâtir leur église et à compléter leur bâtiment. Le second, que nous avons dessiné nous-même, donne l'état actuel de notre couvent avec les modifications introduites depuis la Révolution.

Quant au portrait, que nous plaçons en tête de notre volume, c'est la reproduction, par la simili-gravure, du beau tableau de Mme Villers de Lerné qui orne notre grande salle de réception. Dans cette physionomie fine et distinguée, sous cette gravité austère, tempérée par la bonté du regard et le calme de l'expression, on reconnaîtra aisément, on estimera davantage, on aimera surtout l'héritière d'une vieille et honorable famille, une amie dévouée de la jeunesse et une parfaite religieuse.

HISTOIRE

DE LA RÉVÉRENDE MÈRE

MARIE SAINTE-CÉCILE

ET DE LA CONGRÉGATION DES

DAMES DE L'ORATOIRE D'ANGERS

CHAPITRE PREMIER

Enfance et éducation de la Révérende Mère

Cécile Prévost de la Chauvellière naquit à Angers, le 22 novembre 1804, dans l'ancien hôtel de *Gohin*[1], acquis par son père dès l'année 1798 et occupé aujourd'hui par Mme de la Monneraye. Elle fut baptisée le jour même en l'église Notre-Dame.

[1] Cet hôtel, qui ouvrait d'abord sur la rue de l'Hôpital (aujourd'hui David) et que dessert aujourd'hui la rue Chevreul, appartenait, au commencement du XVIIe siècle, à un sieur de la Coussaye de Longueville, qui le vendit en 1609 à un riche bourgeois d'Angers, Joachim Volaige. En 1612, la ville le fit

Son père, Jacques Prévost de la Chauvellière, était neveu de ce François Prévost, « avocat du roi au présidial et sénéchaussée d'Angers », et professeur distingué de Droit français à l'Université, dont M. Bigot, ancien président de Chambre, a prononcé un bel éloge à la rentrée de la Cour en 1865. Jacques Prévost avait, comme son oncle, suivi la carrière du Droit. Avocat en 1784, docteur en droit en 1785, il était demeuré à l'écart pendant la Révolution, où il figura seulement comme volontaire dans la garde nationale. Mais en reprenant sa place au barreau, il s'y fit assez remarquer pour être

tapisser à ses frais pour loger le prince de Condé. Une descendante de J. Volaige ayant épousé un sieur *de Gohin de la Cointrie*, l'hôtel resta dans la famille de ce nom jusqu'à la Révolution. Une promesse de vente (2 avril 1798), confirmée cinq ans plus tard par un acte définitif (8 avril 1803), en rendit alors propriétaire Jacques Prévost de la Chauvellière, qui l'habita dès la Saint-Jean de 1799, et fit élever en 1804 sur la nouvelle rue de Flore (aujourd'hui Chevreul), les insignifiantes maisons qu'on y voit encore. L'hôtel, acquis en 1840 par la famille de Fontenay, appartient en ce moment à Mme veuve de la Monneraye.

nommé successivement juge-auditeur à la Cour d'appel en 1808, avocat général en 1811 et enfin président de chambre en 1829. A la Révolution de Juillet il brisa sa carrière en donnant sa démission.

La mère de notre héroïne se nommait Cécile Maultrot. Sa jeunesse avait été cruellement éprouvée. Son père, qui avait été avocat du Roi au bureau des finances de Saumur, avait suivi l'armée vendéenne. Fait prisonnier au Mans, il avait été condamné par la Commission militaire et fusillé à Laval, au mois d'avril 1794. Sa mère, Marie-Catherine-Françoise Verdier, après avoir vainement essayé de sauver sa fortune et sa vie, avait été arrêtée au mois de novembre 1793 et emmenée avec sa fille dans les prisons de Bourges, où elle était morte de misère au mois de janvier 1794. La jeune Cécile avait alors près de 17 ans. On eut l'humanité de prévenir son oncle, Marie-René-François Verdier de la Miltière, ex-conseiller au présidial d'Angers, qui obtint sa mise en liberté et la reçut chez lui un mois après la mort de sa mère. C'est là que Jacques Prévost la connut et obtint sa main au cours de l'année 1795.

Comme on le voit, les parents de Cécile, sans être nobles, appartenaient à des familles d'une très honnête bourgeoisie. La *Chauvellière*, dont le nom avait été adjoint à celui de *Prévost* par son grand-père, désigne un hameau situé sur la commune de Chanzeaux et un château qui appartient encore aujourd'hui à Mme Alfred de Girardin, née Sioc'han de Kersabiec, petite-fille de Jacques Prévost.

De son mariage avec Cécile Maultrot, Jacques Prévost avait eu déjà cinq enfants, dont l'aînée, nommée Cécile comme sa mère, mourut à trois ou quatre ans; suivaient trois autres filles, Sidonie, Camille et Loïde, et, dans l'intervalle, un garçon, mort de bonne heure. Enfin naquit celle dont nous écrivons la vie, le jour même de la fête de Sainte-Cécile. Cette circonstance, jointe à la mort de son aînée, la fit nommer elle-même Cécile, comme sa mère et sa sœur.

Mais la pauvre enfant avait à peine trois

ans qu'elle eut le malheur de perdre celle qui lui avait donné le jour. Mme Prévost de la Chauvellière mourut le 26 septembre 1807, à l'âge de 30 ans, laissant le souvenir d'une vie pieuse et édifiante. Pour suppléer autant qu'il le pouvait aux soins, aux leçons et aux exemples d'une mère, M. Prévost eut d'abord recours au dévouement d'une sœur intelligente et très pieuse, qui s'appliqua avec zèle à l'éducation de ses nièces. Mais la jeune Cécile avait alors une grande difficulté, et partant peu de goût, pour le travail. D'ailleurs elle n'eut pas le temps de bénéficier des leçons de sa tante, qui était d'une très faible santé et que Dieu rappela à lui au bout de quatre ans.

Dans ce nouvel embarras, M. Prévost confia ses filles à une veuve, Mme Lenoir, d'un esprit et d'une instruction très ordinaires, mais très vertueuse et bonne femme de ménage. En même temps, pour cultiver l'intelligence de ses enfants, il leur donna plusieurs maîtres : mais cet enseignement privé, où l'on exigeait des élèves peu de tra-

vail personnel, ne profita qu'imparfaitement
à notre Cécile, et même, elle qui devait un
jour fonder et faire fleurir un pensionnat de
jeunes filles, ne retira de sa première éducation' qu'un certain dégoût pour les études
profanes qu'elle ne surmonta jamais. Le Ciel,
qui voulait l'employer à la formation de la
jeunesse, se réservait de lui associer plus
tard des institutrices distinguées, capables
de la suppléer sur ce point.

Mais dès cette époque commençaient à
poindre les qualités solides où elle devait
un jour exceller : son esprit de foi et sa
piété. C'est cette foi vive qui, jointe à la
bonté native de son cœur, lui inspira dès sa
petite enfance une tendre charité pour les
pauvres, et qui surtout l'aida si efficacement
à se préparer à sa première communion. Elle
accomplit ce grand acte de la vie chrétienne
le 6 juin 1816, à l'âge de onze ans et
demi.

A en croire son humilité, son intelligence
peu développée n'appréciait pas les choses
de Dieu, et son cœur, dans ce grand jour,

demeura froid et sec. Mais comme elle eut à
souffrir toute sa vie de ces aridités spirituelles, on peut croire que dès ce moment,
Dieu menait son âme généreuse par cette
voie austère, mais plus sûre, où l'on ne
s'inspire que de la foi et de la pensée du
devoir. Du reste, elle dément elle-même le
jugement trop sévère qu'elle porte sur ses
dispositions, en avouant qu'elle mit un grand
zèle et une grande exactitude à suivre les
exercices préparatoires à la Communion des
enfants. De son côté, Mgr Perché, mort archevêque de la Nouvelle-Orléans, mais né sur
la paroisse de Notre-Dame d'Angers, et
contemporain de notre Révérende Mère,
aimait à rappeler l'impression que lui avaient
faite la modestie et le recueillement de la
jeune communiante.

C'est le pieux et savant abbé Arnail qui
avait disposé notre Cécile à cette sainte action
et qui l'initia aux pratiques de la dévotion.
Vicaire du vénérable abbé Gruget, au
commencement du siècle, il avait été nommé
curé de Doué-la-Fontaine, en 1808. La disso-

lution de la Compagnie de Saint-Sulpice, sous Napoléon, ayant obligé Mᵍᵣ Montault à remplacer par des prêtres diocésains les directeurs du Grand-Séminaire, M. Arnail avait été appelé de Doué à Angers, pour professer le dogme, tout en administrant la paroisse de Notre-Dame.

Sous sa conduite Cécile prit goût à la piété et, de son aveu, elle se disposa avec ferveur à sa seconde et à sa troisième communion. Elle regrettait, écrit-elle, ses fautes passées ; elle éprouvait toujours le même dégoût pour l'étude, mais se reprochait ses négligences et travaillait avec zèle à s'en corriger.

Dès cette époque également, elle s'appliquait à combattre un défaut dont elle ressentit toute sa vie les tendances, mais qui devait lui fournir l'occasion des plus précieux mérites et des actes de la plus édifiante humilité : c'était l'orgueil. « Je me faisais, dit-elle, un point d'honneur de paraître plus raisonnable et plus vertueuse que les jeunes personnes de mon âge, et, quoique je fusse extrêmement dominée par la vanité, je résistai d'abord aux vives sollicitations qui me furent faites de prendre part aux fêtes et aux plaisirs du monde. » En cela du moins, son amour-propre était bien placé.

A une époque partagée entre l'incrédulité voltairienne et le rigorisme janséniste, les divertissements mondains offraient plus d'un danger pour une jeune fille telle que Cécile. Les relations de sa famille, l'exemple de ses sœurs aînées, qui fréquentaient assidûment la plus brillante société de la ville, devaient la flatter et éveiller en elle l'amour du plaisir si naturel à la jeunesse. Vers le même temps, Mme Lenoir, jusque-là gouvernante des demoiselles de la Chauvellière, dont les conseils eussent pu être utiles à Cécile, avait été remerciée, emportant du reste l'estime et la reconnaissance de ses élèves. Heureusement notre héroïne, bien qu'à peine âgée de seize ans, avait déjà des habitudes chrétiennes qui annonçaient une piété vraie et pratique. Elle ne manquait jamais, sans se le reprocher, d'assister à la messe sur la semaine, de faire chaque jour une lecture pieuse et de réciter son chapelet.

Elle se confessait tous les mois, communiait aux grandes solennités de l'année, ainsi qu'aux fêtes de la Sainte Vierge, et se préparait à recevoir les sacrements par des réflexions sérieuses et des efforts méritoires, « désavouant son amour-propre et se désoccupant de sa personne pour être franchement à Dieu ». Ces derniers mots expriment bien l'abnégation qui caractérise les âmes généreuses et dont elle devait donner tant de preuves dans la suite de sa vie.

Mais dans le cours de sa seizième et de sa dix-septième année, on redoubla d'efforts pour l'entraîner dans le monde, où le renom de sa famille devait lui ouvrir toutes les portes. En effet, M. Prévost de la Chauvellière cumulait alors, avec les fonctions déjà très honorables d'avocat-général, celles de conseiller municipal et de conseiller général, et devenait, à la mort de M. Milscent, président du Conseil de fabrique de Notre-Dame. De son côté, M. Verdier de la Millière, grand-oncle de Cécile, siégeait à la fois à la Cour d'appel et au Conseil municipal. Tout présageait donc à Mlle de la Chauvellière de brillants succès. Elle céda enfin aux instances qu'on lui faisait, et bientôt fut gagnée au monde, non sans dommage pour sa piété. Laissons-la s'exprimer elle-même sur ce sujet, et puissent ses paroles épargner de pareilles épreuves aux jeunes filles que Dieu destinerait comme elle à le servir, et qui rencontreraient dans leurs familles les mêmes difficultés. « Dieu seul, écrit-elle, peut juger le mal que font ceux qui par leur langage, leurs exemples et, on peut le dire, leurs persécutions, entraînent dans le monde, comme malgré elles, les jeunes personnes qui, laissées libres, ne le fréquenteraient certainement jamais. »

« Je fus donc d'abord entraînée, continue-t-elle ; mais pendant l'hiver de ma dix-huitième année, j'allai souvent dans le monde, et avec tout l'enivrement, la vanité et le désir de plaire qui accompagnent celles qui y vont de leur propre choix. »

Du moins, au milieu de ces plaisirs mondains, Cécile priait et souffrait vivement du malaise de sa conscience. C'est que déjà le bon Dieu commençait à lui faire sentir qu'il la voulait toute à lui. « Qui pourra ici, ajoute-t-elle humblement, ne pas reconnaître que le choix que Dieu fait de nous est indépendant de nos propres mérites? Pourquoi, dans le moment où j'étais enivrée de ces folles joies et esclave de la vanité, n'ai-je pas suivi le torrent?... »

Nous allons voir comment la digne Mère revint de cet égarement passager, dont il serait d'ailleurs injuste d'exagérer l'importance.

CHAPITRE II

Vocation religieuse

Dieu avait ses desseins sur cette âme ardente, que le monde avait pu fasciner un instant, mais qui était trop élevée pour borner là son ambition, et trop généreuse pour ne songer qu'à son plaisir. Il commença par la dégoûter de ces vanités et lui inspirer un vif désir de la perfection, soutenant son courage contre les premières épreuves que devait lui susciter ce changement d'idées.

« Il fallait rompre avec le monde, écrit-elle ; la chose ne tarda pas à être pour moi clairement démontrée ; mais que de difficultés à surmonter ! que je regrettais cette année passée dans la folie ! Je commençai à devenir plus silencieuse. Je me tenais souvent seule dans ma chambre ; j'aurais voulu lire tout d'un coup ce qui pouvait m'instruire et m'édifier... Je ne finirais pas, si je voulais dire tout ce que ce changement de vie m'attira de réflexions, d'observations, de mots piquants, qui, en irritant ma patience, faisaient encore plus souffrir mon cœur. On observa mes lectures et on commença à soupçonner mon confesseur, dans lequel jusqu'à cette époque on avait la plus entière confiance. Mais ma résolution était prise ; rien ne put la faire varier. »

Bientôt s'imposèrent à Cécile de nouveaux devoirs qui, en la détachant du monde, donnèrent à son activité et à son dévouement un exercice salutaire, et la préparèrent peu à peu à l'œuvre que la Providence devait lui confier.

Après le départ de Mme Lenoir, c'est aux filles de M. Prévost de la Chauvellière que revenait en grande partie l'administration de la maison. Mais au mois de février 1823, l'aînée, Sidonie, épousa le vicomte Louis-Marie de Scépeaux, frère puîné du héros des guerres de la Vendée ; au mois d'octobre de la même année, Camille, la cadette, se mariait avec René Letourneux de la Perraudière,

fils d'un ancien mousquetaire et lieutenant
des maréchaux de France en Anjou. Quant
à Loïde, qui devait, en 1836, épouser le
vicomte Augustin-Louis Sioc'han de Kersabiec, elle était alors d'une santé trop chan-
celante pour prendre la direction du ménage.
C'est donc notre Cécile qui, bien que la plus
jeune, se trouva chargée de ce soin. Or,
Mmes de Scépeaux et de la Perraudière ayant
gardé leurs appartements à l'hôtel de la
Chauvellière [1] et passant à la ville une bonne
partie de l'année, on conçoit tout le travail
qu'exigeait l'entretien de la maison. C'étaient,
en comprenant les enfants, dix-huit ou vingt
personnes à pourvoir et à fournir chaque
jour. Enfin les relations de ces dames et le
renom des familles où elles étaient entrées,
les obligeaient à de nombreuses réceptions.

---

[1] M. et Mme de Scépeaux habitaient le vieil hôtel
qui donne sur la rue David : on voit encore leurs
armes sur la plaque d'un fond de cheminée.

M. et Mme de la Perraudière prirent à loyer la
maison située au levant de la cour, en face du portail. Ils y demeurèrent jusqu'en 1835.

Au milieu de tout ce monde Cécile se multipliait et suffisait à tout, veillant non seulement à ce que personne ne manquât de rien, mais encore à ce que tous fussent heureux, et trouvant même le temps de partager avec ses sœurs les soins que réclamaient leurs enfants. Aussi est-elle obligée d'avouer, dans ses Mémoires, que « le zèle et le sentiment de son devoir l'emportaient peut-être trop loin et qu'elle travaillait au-dessus de ses forces ». Voilà bien déjà le dévouement inépuisable et l'amour passionné du devoir que nous aurons si souvent occasion d'admirer chez notre digne Mère.

Parmi toutes ces préoccupations Dieu continuait à poursuivre et à solliciter cette âme généreuse.

« Après le dégoût du monde, écrit-elle, le désir de la vie religieuse ne tarda pas à se faire sentir. Mais quelle maison choisir? Comment obtenir les renseignements nécessaires pour me fixer?... La grande liberté d'action que m'avait donnée mon titre de maîtresse de maison, me permit de faire quelques démarches qui furent d'abord inaperçues, mais qui, par la suite, venant à être connues, m'attirèrent la réputation d'entreprenante et d'irrésolue. »

Ce ne fut pas en effet du premier coup que Mère M. Sainte-Cécile trouva sa voie. Dans le principe elle se crut appelée à consacrer sa vie au soin des malades, pour lesquels elle éprouva jusqu'à sa mort un attrait particulier.

Non loin de la maison de son père, au coin de la rue Haute-du-Figuier et d'une petite ruelle qui donnait vers l'est dans la rue Cordelle, existait, depuis le commencement du xviiie siècle, un hospice établi sous le patronage de saint Charles Borromée et connu sous le nom de « *la Petite Pension* », où l'on administrait des soins et des remèdes aux pauvres malades ou infirmes. C'est là que, pendant la Révolution, la « citoyenne Manette » (Mlle Boussinot) avait remplacé la vénérable Mère Avril, expulsée par les patriotes, et prodiguait son dévouement aux malheureux de tous les partis ; là que se cachait l'héroïque abbé Gruget, c'est de là surtout que, même au fort de la Terreur, le vénérable M. Meilloc, précédemment supérieur du Grand-Séminaire, administrait si sagement le diocèse.

Sous l'Empire, grâce à la protection de Mgr Montault et à l'autorisation du gouverment (1810), la communauté de l'hospice Saint-Charles poursuivait avec succès son œuvre de charité, mais sans former encore de véritable congrégation. Il en fut de même sous le supériorat de Mlle Boussinot (1814-1829).

C'est dans ces conditions que Mlle de la Chauvellière se sentit portée à se dévouer avec ces bonnes filles au soin des malades, et, à l'hiver de 1828, commença de suivre un petit cours de pharmacie. Tout en administrant la maison de son père, elle profitait des moindres loisirs pour courir à « son cher hospice », où elle trouvait près des malades le repos de l'esprit et de grandes consolations. Son confesseur la voyait avec satisfaction s'adonner à ces œuvres charitables ; il lui fit même plusieurs fois entrevoir que l'Association des Sœurs de Saint-Charles, qui jusquelà vivait sans vœux et sans règlements bien déterminés, aurait, quand elle en ferait partie, des constitutions et des règles. Encouragée par cet espoir, notre pieuse demoiselle fit à la supérieure quelques avances, lui exprima le désir de s'établir près d'elle, visita même l'appartement qu'elle pourrait occuper. Pourtant elle balançait à entrer à l'hospice : elle ne se sentait pas tout à fait dans le milieu qui lui convenait.

Dans cette perplexité, sa vie n'était pas tenable. L'administration de la maison de son père en souffrait ; sa santé même était gravement altérée, lorsqu'une suite de circonstances singulières vint donner à son zèle une nouvelle orientation. Elle était depuis un an en relations assez intimes avec une demoiselle Boré, sœur du futur lazariste qui devait s'illustrer par ses voyages en Orient et ses savants travaux, avant de devenir supérieur général de sa Congrégation et des Filles de la Charité ; sœur aussi de M. Léon

Boré, qui, après avoir rempli honorablement plusieurs places importantes dans l'Université de l'État, devait occuper la chaire d'histoire à la Faculté Catholique des Lettres d'Angers.

Mlle Boré avait, ainsi que ses frères, le cœur ardent et l'esprit entreprenant. Comme Cécile de la Chauvellière, elle pensait consacrer à Dieu, dans les pratiques de la vie religieuse, son zèle et son activité. Son frère Eugène habitait alors à la Chesnaie, près du trop célèbre abbé Félicité de Lamennais. Il avait souvent entendu dire à ce dernier qu'il serait à souhaiter que l'éducation des jeunes filles du monde fût dirigée par des religieuses qui, pour ne pas effaroucher les familles, conserveraient l'habit séculier. Il en écrivit à sa sœur, qui vint conjurer son amie d'ajourner le projet qu'elle formait de se vouer au soin des malades. Il était temps : Mlle de la Chauvellière était enfin décidée à entrer à Saint-Charles. Son trousseau même était tout prêt. Les instances de Mlle Boré l'ébranlèrent. Mgr Montault, qui avait été pressenti à ce sujet, semblait favorable à l'idée de l'abbé de Lamennais. Enfin celui-ci adressa lui-même à Mlle de la Chauvellière une lettre dont nous citons les principaux passages :

« *A la Chesnaie, 3 juin 1829.*

« Je bénis de tout mon cœur, Mademoiselle, la divine Providence, qui paraît ouvrir les voies à une œuvre qui peut devenir si utile et contribuer un jour au salut de tant d'âmes. L'intérêt que veulent bien y prendre votre digne évêque et le respectable M. Prieur [1], me donne de grandes espérances.

---

[1] Vicaire-général et ami particulier de Mgr Montault. Il était, comme lui, originaire du Poitou. Élu, le 14 mars 1791, évêque constitutionnel des Deux-Sèvres, il eut d'abord la faiblesse d'accepter, en remerciant ses collègues de leur confiance. Mais bientôt, comprenant son erreur, il se démit de cette charge dès les premiers jours de mai. A la restauration du culte, il suivit à Angers le nouvel evêque, son ami, qui, coupable de la même faute, la fit ensuite oublier par une vie si édifiante et un si fécond épiscopat.

J'en ai beaucoup causé avec mon frère [1], qui a aussi l'honneur de vous écrire pour vous annoncer sa détermination de se rendre à Angers dans trois semaines. Il est inutile d'entrer ici dans des détails que mon frère vous donnera bien mieux de vive voix..... Dieu ne vous manquera pas si vous ne cherchez que sa volonté et sa gloire.....

« Oh ! qu'il est doux, Mademoiselle, de servir un si bon maître et de lui consacrer ce peu de jours que nous avons à passer icibas ! Paix, amour, joie, tout est dans ce sacrifice, si l'on peut appeler sacrifice tout ce qui peut donner un sentiment de si pur bonheur ! »

Belles et nobles pensées, que devait si bien comprendre l'humble et généreuse demoiselle, et si tristement démentir celui qui les exprimait.

Comme l'annonçait l'abbé de Lamennais, son frère Jean, vicaire-général de l'archevêque de Rennes, vint lui-même à Angers pour

----

[1] L'abbé Jean de Lamennais.

hâter le dénouement de cette affaire, et chercher s'il n'y avait pas dans la ville quelque
pensionnat dont les institutrices voulussent
prendre part, avec Mlles de la Chauvellière et
Boré, à la bonne œuvre qu'on méditait, ou,
au besoin, leur céder la place.

« Mon Dieu ! s'écrie ici notre chère Mère,
que tout cela me semblait difficile, gigan-
tesque, impossible, à moi, pauvre fille,
presque sans instruction, sans aucune idée
de la vie d'un pensionnat, encore moins de
sa direction ; à moi, qui voulais par-dessus
tout une maison religieuse bien établie, bien
gouvernée, bien fervente, sans autre ambition que d'y occuper une place quelconque,
mais bien petite ! »

Mais toutes ces réflexions, quelque fondées
qu'elles lui parussent, cédèrent à la pensée
du bien plus considérable que M. de Lamennais lui faisait envisager dans l'œuvre qu'il
lui proposait. Aussi, après bien des appréhensions et des perplexités, elle alla s'adresser
aux Dames de Montgremier, qui tenaient,
non loin de l'hôtel de la Chauvellière et

dans la même rue, un pensionnat fort renommé.

Il convient de faire connaître cette institution et celles qui la dirigeaient avec un zèle
si intelligent.

CHAPITRE III

Le pensionnat de MM^mes de Montgremier

Vers 1817, s'ouvrait à Angers, rue Saint-Blaise (depuis rue Grandet), un pensionnat dont les bâtiments touchaient à l'hôtel actuel de Contades[1]. Il était destiné surtout aux jeunes filles de la société angevine et était dirigé par deux sœurs que l'on appelait « Mesdames de Montgremier », mais dont il est assez difficile de déterminer le vrai nom[2].

[1] Pour parler plus exactement, ils étaient parallèles à l'emplacement de l'hôtel actuel, et plus rapprochés de notre rue d'Alsace. Le portail de la propriété de Contades, sur la rue Grandet, était celui du Pensionnat.

[2] Les conventions passées plus tard entre ces Dames et Mlle Prévost de la Chauvellière, sont signées de ces deux noms : Diane-Athénaïs et Athalie-Marguerite-Hélène d'Albenas de Montgremier. Mais, chose curieuse, sur des quittances de loyer signées par M. Rogeron, elles sont appelées « Pan-

Ce qui paraît probable, c'est que ces demoiselles appartenaient à une famille noble du Toulousain, ruinée par la Révolution, et qui, pour subsister honorablement, autant que pour satisfaire un généreux attrait, s'étaient vouées à l'enseignement des jeunes filles. Leur mère, qui les avait accompagnées à Angers, ne s'occupa jamais d'éducation. Femme d'un esprit large et élevé, d'un caractère énergique, d'une piété forte et éclairée, elle s'était contentée d'élever parfaitement ses enfants, c'est-à-dire ses deux filles et un garçon qui devint officier de la garde royale. Sa fille aînée, Diane-Athénaïs, se faisait appeler « Madame Victorine » ; elle avait le titre de chanoinesse. « Elle ne le cédait à sa mère ni en distinction ni en mérite ; mais sa vertu était plus attrayante. La gracieuse bonté qui accompagnait tous ses actes, lui gagnait les cœurs ; elle était l'âme de la maison. Sa sœur, Athalie-Marguerite-

netier de Montgremier ». — Leur cession de mobilier mentionne « douze couverts d'argent *avec nos armes* ». La mère se disait vicomtesse.

Hélène, que l'on nommait « Mademoiselle Louise », était professeur émérite et sémillante d'esprit. Plus jeune de dix ans que son aînée, elle avait enseigné avec elle dès l'âge de seize ans.

Les qualités personnelles de ces dames, leur piété solide, les principes d'éducation dont elles s'inspiraient, tout cela, joint à la distinction de leur origine, leur concilia bientôt l'estime et la confiance des meilleures familles de la ville, et surtout de la noblesse, qui, depuis la Restauration, avait rapidement reconquis en Anjou le prestige et l'influence qu'elle méritait. Ce sont peut-être ces premiers succès qui déterminèrent Mmes de Montgremier à quitter le local trop retiré et d'accès peu avantageux qu'elles occupaient rue Saint-Blaise, pour s'établir au grand jour dans la rue Flore[1], dont la largeur et le bel aspect contrastaient avec les rues

[1] On appelait alors rue *Flore*, rue *de Flore*, ou encore rue de l'*Oratoire*, non pas seulement la petite rue qui relie aujourd'hui la rue Chevreul à la rue Pocquet-de-Livonnière, mais les deux rues Saint-

étroites et sombres du vieil Angers. Cette rue, ouverte, à l'époque de la Révolution, en vue de relier la place du Ralliement et le centre de la ville avec la porte Saint-Michel, avait été peu à peu prolongée à travers les beaux jardins des Cordeliers. Tout près et à l'est de l'ancien couvent, l'architecte Desnoyers, dont le père et le grand-père étaient déjà renommés, et à qui la ville d'Angers est redevable des plus belles maisons du commencement du siècle, avait construit, et terminé en 1820, le grand hôtel *Flore*, qui orne à lui seul un côté de la rue Chevreul. Les deux corps de logis qui font suite vers nord au bâtiment central, avaient été acquis par un banquier, M. Philippe Rogeron. MM^mes de Montgremier traitèrent avec lui vers 1822, et lui louèrent la maison n° 4, occupée depuis successivement par les banques Baron et Hucheloup, et actuellement par l'étude de Me Lasserré.

Maurille et Chevreul ; d'où les noms de Bains *Flore* et d'hôtel *Flore*, donnés aux maisons que l'on sait, et qui sont situées sur ces deux rues.

Peu après il fallut ajouter les appartements du second étage de la maison voisine (n° 5), qu'une porte de communication reliait à la première.

C'est là que le Pensionnat, qui comprenait alors une cinquantaine d'enfants, réunit la jeunesse la plus distinguée de l'Anjou. On en jugera par les quelques noms que nous avons pu recueillir d'une ancienne élève de la maison. Elle y avait connu Mesdemoiselles de Meaulne, de Dieusie, de Maquillé, de Rouzé, de Terves, d'Andigné, de Ruillé, de Montaigu, de Pignerolle, de Cumont, de la Bonnetière, Pocquet de Livonnière, Boguais de la Boissière, Mlle Logerais, dont le père était le médecin du Pensionnat, et dont le frère, plus tard médecin de l'Oratoire, vient de mourir dans la maison précédemment occupée par son oncle, M. Rogeron. Rien n'était négligé pour donner à cette brillante jeunesse l'éducation la plus soignée. MM^{mes} de Montgremier avaient d'ailleurs à lutter contre l'influence de plusieurs maisons analogues. Sans parler de la pension Adville, située rue Valdemaine [1], que fréquentait surtout la bourgeoisie, la noblesse restait encore fidèle à la maison religieuse du Calvaire, relevée au commencement du siècle par les dames Neveu, qui faisaient partie de la Congrégation dès avant la Révolution. Pour pouvoir rivaliser avec ce dernier établissement, autant que pour satisfaire leur zèle, MM^{mes} de Montgremier ne se contentaient pas de donner à leurs élèves une instruction solide et variée ; elles veillaient à développer en elles une piété sérieuse, et secondaient de tout leur pouvoir la sage direction des prêtres de Notre-Dame.

Ces dignes institutrices voulaient aussi que toutes leurs enfants se considérassent comme des sœurs, sans autre distinction que celle de leur travail et de leurs succès. On proscrivait impitoyablement tout ce qui aurait pu blesser cette égalité de bon aloi. Une des élèves ayant eu l'imprudence de signer une lettre « vicomtesse de Meaulnes », fut mandée par

[1] Dans l'ancien couvent des prêtres de Saint-Lazare, derrière l'imprimerie Germain et G. Grassin.

sa maîtresse, qui biffa le titre en l'avertissant qu'à la pension il n'y avait ni duchesse ni comtesse et que toutes étaient sur le même rang. La personne de qui nous tenons ces détails, était du nombre des quelques « roturières » qui fréquentaient la maison ; mais jamais, nous disait-elle, on n'eut l'indélicatesse de le lui faire sentir.

Du reste, la discipline du pensionnat était, dans ses plus petits détails, d'une sévérité et d'une exactitude que l'on aurait aujourd'hui grand'peine à faire accepter aux familles angevines. Les élèves portaient un uniforme plus que modeste, de mérinos bleu foncé, ou de coton bleu à rayures blanches, suivant la saison ; et on ne laissait sortir ou rentrer personne avec une robe de fantaisie. Le régime était frugal. Au déjeuner, les enfants devaient se contenter d'une tartine de beurre ou de miel. Au dîner, on servait avec le potage, un plat de viande et un plat de légumes, assez mal apprêtés ; pas de dessert. Le souper était à l'avenant.

Telle était, avec son esprit et ses usages,

la maison où Mlle de la Chauvellière songeait à entrer pour s'initier à l'œuvre de l'éducation chrétienne de la jeunesse.

Dès la première visite, elle et son amie, Mlle Boré, furent très bien accueillies. Peu de temps auparavant, Mme de Montgremier, la mère des deux institutrices, était morte, emportant l'estime et les regrets de tous ceux qui l'avaient connue. Ses deux filles, fatiguées de treize années d'enseignement, laissèrent espérer qu'elles pourraient dans quelque temps céder leur établissement. De son côté, l'abbé Jean de Lamennais, qui ne pouvait prolonger son séjour à Angers, pressait la conclusion de l'affaire.

Toutefois, au dernier moment, surgit une difficulté inattendue, qui faillit tout faire échouer. Elle vint de la part de Mlle Boré, qui avait détourné Mlle Cécile d'entrer à Saint-Charles et montré tant de zèle pour le nouveau projet. Le fait ne manque pas d'originalité. Cette demoiselle, que les sollicitudes n'effrayaient pas, avait alors à cœur de marier une de ses amies avec M. Frédéric

Rogeron, avocat, homme très religieux et parent du propriétaire des dames de Montgremier. Pour nouer cette alliance, Mlle Boré vit elle-même M. Frédéric, et fit ressortir auprès de lui les qualités de son amie. Mais le jeune avocat, séduit par la conversation et les avantages personnels de l'adroite intermédiaire, lui fit comprendre qu'il éprouvait plus de sympathie pour elle que pour l'inconnue qu'elle lui vantait. Mlle Boré se laissa tenter ; croyant voir dans ce concours de circonstances l'intervention de la Providence, elle renonça aux beaux projets qu'elle n'avait peut-être pas sérieusement mûris, et, laissant sa compagne seule aux prises avec les difficultés, elle se maria. Mlle de la Chauvellière fut vivement affectée de cet abandon, et quarante ans après, rencontrant à la Retraite le fils de son ancienne amie, M. Gabriel Rogeron, elle ne put retenir une plainte au souvenir du cruel embarras où sa mère l'avait jetée.

En Mlle Boré, Cécile, dont l'instruction était trop incomplète pour diriger les études d'un pensionnat, perdait un auxiliaire précieux et une amie presque indispensable pour soutenir son courage dans les perplexités où elle devait passer. Mais Dieu, qui aimait cette âme forte, se plaisait à la pousser jusqu'aux limites de l'abnégation, afin de lui ménager de plus riches mérites et d'en faire pour ses futures compagnes un modèle de renoncement et de dévouement religieux.

Pour sortir de cette impasse, Cécile chercha dans la solitude le recueillement nécessaire pour connaître la volonté de Dieu et la force de l'accomplir. Aux portes d'Angers, dans l'ancienne maison de campagne du Grand-Séminaire, connue alors sous le nom de la *Maison-rouge*, était établie, depuis l'année 1826, une colonie des Religieuses de la Société de Marie. Cette congrégation était spécialement consacrée à l'œuvre des retraites. Mlle de la Chauvellière sollicita la faveur d'en faire une sous la direction de l'aumônier, le vénéré M. Tendron, alors jeune, mais déjà plein de l'esprit de Dieu.

Elle fit cette retraite dans le recueillement le plus absolu, sans parler avec qui que ce fût, « seule, disait-elle, avec Dieu seul ». Elle y fut comblée de grâces et de consolations ; mais parvenue au terme, elle hésitait encore, se demandant si l'état de santé de sa sœur Sidonie (Mme de Scépeaux), qui donnait en ce moment de sérieuses inquiétudes, ne devait point retarder son pieux dessein. M. Tendron, après avoir prié à son intention, se contenta de lui rappeler la parole du Maître : « Laissez les morts ensevelir les morts. » Ce grave conseil leva tous ses doutes.

Peu après, elle traita avec MM^{mes} de Montgremier. Ces dames s'engageaient à rester un an avec elle, pour la former à la direction du pensionnat. Munie de cette simple promesse, Cécile prévint les siens que probablement elle les quitterait bientôt. Ce ne fut pas sans de cruels déchirements qu'elle se résolut à leur faire cette ouverture. « J'allais, écrit-elle, abandonner ma famille au moment où ma présence paraissait le plus nécessaire... La vieillesse commençait à atteindre mon père ; et ce père, que j'aimais avec une toute particulière tendresse, se faisait besoin de mes soins ; une de mes sœurs était très malade... Et pourtant Dieu m'a fait triompher de tous ces obstacles. »

Ce fut le dimanche 28 juin 1829, qu'elle franchit définitivement le seuil de la maison paternelle. C'était le jour du Petit Sacre. Elle avait travaillé de ses mains à décorer l'hôtel de la Chauvellière pour le passage du Saint-Sacrement. La procession terminée, elle fit ramasser les tentures, et seule, refoulant au fond de son cœur l'émotion qui en débordait, elle traversa la rue et se rendit presque en fugitive chez MM^{mes} de Montgremier.

On devine aisément la douleur qui éclata dans la maison de son père lorsqu'on apprit sa détermination. « Je crois avoir éprouvé dans cette circonstance et bien longtemps après, écrit-elle, tout ce que les sollicitations de famille suggèrent en pareil cas pour combattre une vocation religieuse, tout ce que le monde et les amis peuvent

inventer pour ébranler et pour convaincre
de changer de parti : N'était-ce pas assez
d'aller se dévouer au soin des pauvres à
l'hospice Saint-Charles ?... comment osait-
elle se charger seule d'une {maison aussi
importante que le pensionnat Montgremier ?.. quelle inconstance !.. quelle folie !.. »
Son pauvre père, surtout, ne pouvait et ne
put de longtemps accepter une aussi rude
épreuve : « Vous allez être heureuse, disait-
il douloureusement à sa fille ; mais moi, que
deviendrai-je ?... » — Mais, ajoute-t-elle,
une force invincible me faisait agir : c'était
l'attrait irrésistible du sacrifice, et le secours
tout-puissant de la grâce de Dieu. »

CHAPITRE IV

Mlle de la Chauvellière prend la direction du pensionnat. — Ses premières compagnes. — L'abbé Mocher et la paroisse Notre-Dame.

Il est inutile de dire avec quelle charité et quelle déférence MM^{mes} de Montgremier accueillirent la courageuse jeune fille, et s'empressèrent de l'initier au fonctionnement de leur œuvre.

De son côté, Mlle de la Chauvellière étudiait avec le plus grand soin le règlement et les usages du pensionnat ; bientôt elle fut au courant de tout.

Mais il lui importait principalement de gagner le respect et l'affection des enfants, l'estime et la confiance de leurs familles. Pour satisfaire en même temps sa piété et le penchant naturel de son cœur, on l'employa d'abord au catéchisme, dans les basses classes, et au soin des malades. Mais elle eut peine à s'appliquer aux études profanes, et ne jouit jamais auprès des élèves du prestige que donne une instruction supérieure. Toutefois son nom, la distinction de ses manières, son dévouement aux enfants, et surtout sa grande vertu, lui gagnèrent bientôt la sympathie générale, et peu à peu on s'habitua à voir dans « *Madame Cécile* » la digne héritière de MM^{mes} de Montgremier.

Confiante dans l'avenir, elle signa avec elles, dès le 14 octobre 1829, deux conventions, dont la première la déclarait propriétaire de tout le mobilier de la maison, sauf de l'argent comptant et de l'argenterie. La seconde établissait qu'à partir des vacances de 1830 l'entretien de la maison (frais de loyer, gages des domestiques, location des chaises à l'église Notre-Dame, provisions et fournitures scolaires) incomberait à Mlle Cécile Prévost de la Chauvellière, *supérieure de l'établissement des dames de l'Oratoire.*

Cependant il importait à la nouvelle institutrice d'être secondée par des auxiliaires

d'élite, capables de comprendre et d'imiter
son dévouement. MM^mes de Montgremier
s'étaient adjoint quatre ou cinq sous-maî-
tresses parfaitement choisies. La Providence
servit aussi à souhait la future Supérieure.
Le jour même de son arrivée au pensionnat,
y rentrait Mlle Félicité Pocquet de Livonnière,
qui, deux ans auparavant, y avait terminé son
éducation, et qui comptait se vouer à son
tour à la formation de la jeunesse. Sœur du
spirituel auteur de. *Petits et Grands*, elle
devait honorer à son tour, par son érudition
et par ses vertus religieuses, un nom illustré
dès le XVIIe siècle par le savant rédacteur des
Coutumes d'Anjou.

Une autre auxiliaire des dames de Montgremier, *Mlle Élisabeth Puysségur*, éprouvait
de son côté un vif attrait pour la vie religieuse.
Frappée des dispositions que montraient ces
deux personnes pour l'œuvre à laquelle elle
voulait elle - même travailler, Mme Cécile
leur avait proposé de se consacrer avec elle
à Dieu pour l'éducation des jeunes filles.
Enfin une troisième sous-maîtresse, attachée

au pensionnat depuis le commencement de l'année scolaire, sympathisa si bien avec Mme Cécile et ses jeunes compagnes qu'elles lui dévoilèrent bientôt leur projet d'association. C'était *Mlle Laurence-Adelaïs Huard*, de Vannes, fille d'un officier de marine et sujet de grande espérance.

Mme Cécile espérait mieux encore. Dès les premiers mois elle avait voué à MM^mes de Montgremier une estime profonde et une vive affection ; elle s'était particulièrement attachée à Mme Victorine, l'aînée des deux sœurs, et avait un instant pensé qu'elle voudrait bien fonder avec elle une famille religieuse et même en accepter la direction. Mais épuisée par de longs travaux et rappelée dans le midi pour des affaires de famille, cette demoiselle ne put se rendre aux vœux de sa digne amie, et le 11 mai 1830, pour épargner à ses compagnes, comme à elle-même, de douloureux adieux, elle quitta la maison par une porte dérobée, laissant le pensionnat aux mains de sa sœur, Mlle Louise, et de Mlle de la Chauvellière.

Mais la Providence poursuivait son œuvre, et, le 7 juin 1830, Mlle Huard écrivait à Mme Cécile « qu'elle voulait de tout son cœur s'employer à l'œuvre de Dieu dans cette association ». — « Je n'oublierai jamais, disait plus tard Mère M. Sainte-Cécile, les larmes de joie que je versai en recevant cette lettre, et la nouvelle confiance qu'elle me donna que Dieu conduirait tout pour l'édification de notre communauté. »

Le ciel, en effet, travaillait visiblement pour l'œuvre de Mme Cécile ; mais il est juste de reconnaître qu'avec elle l'instrument le plus précieux dont se servit la Providence, fut l'abbé Mocher, qui depuis un an avait succédé au vénéré M. Arnail dans le gouvernement de la paroisse de Notre-Dame et la direction spirituelle du pensionnat Montgremier. C'est le moment de faire connaître ce digne ecclésiastique, ainsi que l'état de la paroisse dont il venait d'être chargé, et où devaient se recruter la plupart des religieuses et des élèves de la maison.

Jean-Emmanuel Mocher était né le 20 décembre 1798 dans la petite commune d'Aviré, aux environs de Segré. Son père avait six enfants, que son métier de tisserand lui permettait à grand'peine de nourrir et d'élever. En 1812, le curé de la paroisse, M. Hamelin, frappé de la piété et de l'esprit réfléchi du petit Jean, le prit au presbytère pour commencer son éducation et lui apprendre les premiers éléments du latin.

L'Évêché, sollicité à cet effet, autorisa le bon curé à garder le produit d'une quête, et lui envoya cent francs afin de pourvoir à l'entretien du jeune Mocher. Au mois d'octobre, l'abbé Prieur, vicaire général, examina lui-même l'enfant, auquel il trouva de très heureuses dispositions : Jean lisait bien, expliquait convenablement les auteurs élémentaires et savait parfaitement son catéchisme. On le laissa aux mains de son digne instituteur pour l'année scolaire 1812-1813.

Le 5 octobre suivant, notre écolier subit un nouvel examen : son instruction religieuse était toujours satisfaisante ; mais il connaissait assez peu les règles de la grammaire latine.

Il semble cependant qu'on l'ait encore laissé pendant un an continuer ses études chez M. le curé d'Aviré. Mais, en 1814, il fut admis au Lycée d'Angers comme élève de Quatrième. On lui trouva du talent, de l'application, une bonne tenue et de la piété; il obtint à la fin de l'année le troisième accessit de version grecque.

En 1815, le jeune Mocher entrait, comme élève de Troisième, dans une maison plus conforme à ses goûts, le collège de Beaupréau. Le diocèse se chargeait de son entretien.

En 1816, après deux mois de Seconde, on le fit monter en Rhétorique. Un examen du mois de mars constatait son application, son intelligence et sa fervente piété. A la fin de l'année scolaire, il remportait de brillants succès, entre autres un second prix d'Excellence et un prix d'Analyse de la doctrine chrétienne. Le diocèse n'avait pas à regretter les sacrifices qu'il s'imposait pour lui.

L'année suivante, Jean Mocher entrait au Séminaire pour y faire ses études de philosophie. A Pâques de 1818, les notes de ses

supérieurs relèvent, comme précédemment,
« son talent, son application, sa piété fervente et son bon caractère ». On ne pouvait
faire de lui plus bel éloge. Aussi fut-il admis
à la tonsure pour le mois de mai suivant.

Lorsqu'il eut terminé, à la satisfaction de
ses directeurs, ses études de théologie, il fut
placé, simple sous-diacre, en qualité de pré-
cepteur, dans la famille d'Andigné. Il
demeura dans cette excellente maison environ un an, et fut ordonné prêtre au mois
de décembre 1822. Quelques semaines après,
il était nommé vicaire de Notre-Dame, pour
remplacer l'abbé Marchand.

Bientôt, le nouveau vicaire se fit remarquer par son tact, son zèle discret et surtout
sa sagesse dans la direction des âmes. Un
renseignement relevé dans les notes intimes
d'une religieuse de la Retraite, son ancienne
pénitente, nous permet de croire que, dès le
début de son ministère, il dirigeait plusieurs
des futures religieuses de l'Oratoire.

M. Mocher n'était que depuis quelques
années fixé à Notre-Dame, lorsque mourut

le prêtre vénéré dont il s'était montré l'auxiliaire intelligent et dévoué. Lui-même n'avait guère que trente ans ; néanmoins ses talents, sa vertu et sa prudence le firent juger digne de remplacer un ecclésiastique aussi distingué que l'abbé Arnail. Sa modestie s'en effraya. Quoique peu populeuse, la paroisse Notre-Dame était, comme sa devancière, Saint-Michel-du-Tertre, une des plus importantes de la ville. C'était toujours la paroisse des Halles, centre du commerce, de la Mairie, qui venait d'être transférée au collège d'Anjou (22 septembre 1823), des tribunaux, notamment de la Cour d'Appel, qui, ne pouvant siéger dans les bâtiments de l'ancien Présidial, avait été installée dans l'ancien Hôtel-de-Ville[1]. C'était,

[1] Le palais de l'ancien Présidial fut affecté aux tribunaux de première instance et de commerce jusqu'à la construction du Palais de justice actuel : il a été, en 1898, offert à M. le Curé et à la Fabrique de Notre-Dame, pour servir d'église provisoire. L'ancien Hôtel-de-Ville, affecté à la Cour d'appel de 1823 à 1885, sert de local à un Musée paléontologique et à diverses sociétés.

par là-même, la paroisse des négociants de Boisnet, et surtout celle de ces vieilles familles angevines qui s'étaient illustrées et ennoblies dans l'administration de la commune ou dans les fonctions judiciaires. Que l'on parcoure les vieilles rues de ce quartier, on y remarquera encore plusieurs anciens hôtels, qui ont gardé quelques restes de leur première splendeur. Pour ne citer que les plus remarquables, on voyait, sur la place des Halles, l'hôtel Louet, appartenant à Mme de Dieusie, qui possédait également, dans la rue de l'Hôpital, l'hôtel de Lantivy, qu'elle devait céder à la famille de Chemellier. Dans cette même rue de l'Hôpital s'élevaient l'hôtel Prévost de la Chauvellière, et celui de Villemorge ; rue du Cornet, l'hôtel Ayrault du Tertre ; rue de la Chartre, l'hôtel de Boylesve ; rue des Ursules, l'hôtel de la Piverdière, depuis de la Selle ; rue Saint-Michel (Pocquet-de-Livonnière), les hôtels d'Andigné de Lancreau et Girard de Charnacé.

Outre ces vieux hôtels des siècles précédents, de plus modernes commençaient à orner les boulevards et les nouvelles rues de la paroisse ; la plupart étaient l'œuvre de l'habile architecte Desnoyers. Nous avons déjà nommé le grand hôtel de Flore, où s'étaient établies MM^{mes} de Montgremier; on admire encore, dans la même rue, le magnifique hôtel, alors occupé par M. Moreau-Joubert, et maintenant par la famille Bougère, et l'hôtel de Nerbonne, aujourd'hui de Soland ;

Dans la rue du Mail, l'hôtel Ollivier-Brouard, acquis récemment par la famille Herpin ;

Sur le boulevard, le grand et bel hôtel occupé, entre autres propriétaires, par M. Guilhem et par M. Ad. Janvier, aujourd'hui par Mme Onésime Lorin, Mme Daburon et Me Blanchet ;

Enfin, à la porte Saint-Michel, l'hôtel Giraud, qui appartient aujourd'hui à M. Louis.

Il convient en outre de mentionner, parmi les notables de la paroisse, nombre de magistrats, de notaires et d'avocats grou-

pés autour des tribunaux, et dont les noms
marquent encore dans la bourgeoisie ange-
vine : c'étaient les Dubois, les Berger, les
Guérin-Desbrosses, les Planchenault, les
Leboucher, les Bellanger, les Gaignard de la
Renloue, les Roussel, les Cosnier, les
Pachault, etc.

Ces détails pourront paraître fastidieux à
plusieurs de nos lecteurs ; mais nous avons
cru qu'ils intéresseraient les amateurs d'antiquités angevines. D'ailleurs ils font comprendre l'état de la paroisse de Notre-Dame
dans la première moitié du siècle, et la
situation délicate faite à un jeune prêtre de
trente ans, que son éducation première
n'avait pas préparé aux relations qu'il devait
avoir avec la société la plus distinguée d'Angers.

Cependant l'abbé Mocher se livra courageusement aux devoirs de sa charge. Il
commença par compléter le Conseil de
Fabrique, qui depuis trois ans n'avait pas
tenu de séances, se préoccupa d'assurer les
fonds nécessaires à la construction de la nef

de l'église, que devait édifier son successeur, M. l'abbé Pasquier, et remédia comme il le put à la mauvaise volonté des pouvoirs publics, qui, au début de la monarchie de juillet, avaient supprimé le modique supplément de traitement alloué jusque-là au curé de Notre-Dame. Il abandonna la maison Rousselin, aujourd'hui transformée en patronage paroissial, où avait résidé son prédécesseur, depuis 1817, et loua, pour y établir le presbytère, la maison Delaunay, située dans la rue de l'Aubrière, au-dessus de la cure actuelle.

Mais c'est surtout au bien spirituel de ses paroissiens que le nouveau curé se consacrait avec plus de bonheur et de succès ; et l'entreprise naissante de Mme Cécile lui était d'autant plus chère qu'il y voyait chaque jour plus distinctement l'œuvre de la Providence.

Revenons donc à notre récit, un instant interrompu par des digressions qui en expliqueront les détails et que nous pardonneront du reste des lecteurs angevins.

L'année d'épreuve au cours de laquelle Mme Cécile s'était peu à peu initiée à ses nouvelles fonctions, touchait à son terme. Elle commençait d'agir comme supérieure du nouvel établissement, et louait à ce titre pour six ans, à dater du 24 juin 1831, le local occupé par le Pensionnat, y compris, dans la maison Rogeron (n° 5 de l'hôtel Flore), deux chambres au premier étage pour l'usage d'une grande pensionnaire, Mlle Méala d'Andigné[1], cinq pièces au second et deux greniers.

Mlle Louise de Montgremier demeura près d'elle jusqu'au mois d'août. A cette époque, terme fixé par leurs conventions, préoccupée de la santé d'un frère qui servait précédemment dans la garde de Charles X, et avait été blessé au moment de la Révolution

---

[1] Cette demoiselle devait son double nom à une circonstance assez curieuse. Son père, membre de cette grande et illustre famille angevine, dont on disait qu'il suffisait de battre les buissons du Craonnais pour en faire sortir un *d'Andigné*, s'était réfugié, pendant la Révolution, chez un brave paysan breton, nommé *Méala*, dont il finit par épouser la fille.

de juillet, elle partit pour rejoindre sa sœur à Toulouse, laissant Mme Cécile un peu effrayée de se voir, encore si novice, à la tête d'une maison d'éducation.

Un des premiers soins de la nouvelle supérieure fut de transformer en chapelle une des salles de la maison, que Mgr Montault vint bénir lui-même, et où il permit, *pour la grande consolation de la nouvelle* communauté, qu'on gardât le Très Saint Sacrement. Les élèves profitèrent bientôt de cette précieuse faveur, en y venant faire la prière matin et soir et entendre, deux ou trois fois par semaine, la messe que célébrait M. le Curé. Directeur de Mme Cécile, l'abbé Mocher le devint bientôt de toutes ses compagnes, et commença dès lors à leur donner, sur la perfection chrétienne, de très solides instructions, que la pieuse supérieure était ardente à mettre en pratique.

Pressée de s'engager avec sa communauté par quelque lien religieux, Mme Cécile avait soumis à M. le vicaire-général Prieur un premier règlement, qu'il avait verbalement approuvé ; mais il n'avait autorisé ces Dames qu'à faire à Dieu, en guise de vœux, de simples promesses. Obligées de s'en tenir à ces prescriptions, Mme Cécile et ses compagnes se réunirent, le 16 octobre, dans leur petite chapelle, où elles prononcèrent, à voix basse, la promesse de se consacrer ensemble à l'éducation chrétienne de la jeunesse.

Quelques jours après (20 octobre), elles confirmèrent cet engagement en se liant mutuellement par un traité, où « elles s'associaient, avec esprit de désintéressement, pour la conduite, la prospérité et la plus longue durée possible de la maison d'éducation connue précédemment sous le nom de « *Pensionnat des Dames de Mont-gremier* », et qui prenait désormais pour raison « *Maison d'éducation des Dames de l'Oratoire* ».

Aux termes de ce traité, Mme Cécile apportait et mettait en commun :

« 1. La valeur intrinsèque du pensionnat par elle acquis de Mesdames de Montgremier ;

2. Le mobilier de la maison, estimé 8.700 fr. ;

3. Ses connaissances, ses moments et ses soins ;

4. Et ses revenus propres et annuels. »

Ses trois compagnes, Mme Adelaïs (Mlle Huard), Mme Élisabeth (Mlle Puysségur) et Mme Félicité (Mlle de Livonnière), mettaient également en commun leur science et leurs services avec promesse d'y apporter les revenus qui leur écherraient à quelque titre que ce fût. Mme Élisabeth apportait en outre une somme de 7.000 fr., et Mme Félicité, une de 6.000 fr.

Mme Cécile était reconnue seule directrice de la maison, avec pouvoir de faire les traités et de prendre les arrêtés nécessaires sans déclaration préalable.

Cette convention devait être également reconnue et signée des personnes qui s'agrégeraient ensuite à la communauté.

Ce fut dans ces conditions que se continua l'œuvre de MM^mes de Montgremier, en attendant que les circonstances permissent de lui donner une forme plus religieuse.

Sur ces entrefaites, l'abbé Prieur était mort le 12 octobre 1831, et avait été remplacé, comme vicaire-général, par l'abbé Régnier, précédemment proviseur au Lycée d'Angers, qui fut donné pour supérieur à la communauté de Mme Cécile. Aux qualités d'esprit et de cœur qui le distinguaient, M. Régnier joignait une certaine raideur naturelle, que ses fonctions de proviseur n'avaient pu que développer, et qui effrayait au début Mme Cécile. Mais elle avait tellement à cœur les progrès et l'organisation définitive de sa communauté, qu'elle sollicitait sans cesse, pour elle et pour ses compagnes, l'autorisation de faire des vœux et d'être érigées en congrégation. L'autorité ecclésiastique répondait qu'il ne fallait pas y songer tant que la communauté ne serait pas propriétaire d'un immeuble où elle pût s'installer à demeure.

Cherchant alors autour du Pensionnat en quel endroit elle pourrait s'établir,

Mme Cécile jeta les yeux sur cet ancien couvent de l'*Oratoire*, dont, par une sorte d'intuition providentielle, elle avait adopté le nom dès son entrée en charge.

Avant de faire connaître les pénibles négociations qui aboutirent à l'acquisition de cette maison, il convient de raconter l'histoire du vieux monastère. Nos lecteurs nous pardonneront d'entrer ici dans quelques détails.

CHAPITRE V

La maison de l'Oratoire avant l'installation du Pensionnat

Avant d'appartenir aux Oratoriens, la maison convoitée par Mme Cécile avait été d'abord la propriété d'une noble famille angevine, celle des *Lesrat de Lancreau,* dont le personnage le plus illustre, *Guillaume Lesrat,* après s'être distingué en Italie au service du pape Clément VII, était revenu à Angers, où il avait été nommé lieutenant-général, et chargé, en 1577, d'une fonction nouvelle, celle de président du Présidial. C'est à lui que remonte une première restauration, sinon la construction même, de la maison actuelle de l'Oratoire. Du moins, c'est sous le nom de *Lancreau,* terre acquise par Guillaume Lesrat sur la commune de Chantocé, que l'hôtel est connu des chroniqueurs angevins[1]. Les traces les plus anciennes de la construction primitive consistent en deux ou trois fenêtres de l'aumônerie actuelle, aujourd'hui condamnées, dont on peut voir, du côté du couvent, l'encadrement carré, orné de nervures qui se croisent aux angles, comme cela se pratiquait dès la fin du xve siècle. Dans le corps de logis occupé par le grand escalier, on remarque encore, surtout du côté de l'est, de petites fenêtres cintrées, de style Henri II, et à l'intérieur, au bas, une voûte ornée d'arabesques et une frise ouvragée, qui accusent l'époque de la Renaissance.

L'hôtel des Lesrat ne fut pas longtemps habité par ses propriétaires, ce qui lui valut l'honneur de recevoir à différents intervalles les hôtes les plus illustres[2].

Le 7 mars 1598, le roi Henri IV, qui

---

[1] C. Port, *Questions angevines*, première série. Angers, Lachèse et Dolbeau, 1884, pp. 12 et 13.

[2] Cf. *Revue de l'Anjou*, 1855. — *Journal de Louvet, passim.* — L. Rondeau, *Histoire de Saint-Michel-du-Tertre*, chap. xvi, pp. 276 et suivantes.

venait en Anjou achever la soumission des Ligueurs, arriva des Ponts-de-Cé, escorté des habitants en armes, et, entrant par la porte Saint-Aubin, « fut conduit en la rue Saint-Michel [1], par le Palais, au *logis de feu Monsieur le Président de Lancreau* ». (*Journal de Louvet.*)

Le roi ne demeura guère qu'un mois dans nos murs et logea sans doute peu de temps à l'hôtel de Lancreau ; car, lorsque Gabrielle d'Estrées vint le rejoindre pour négocier avec lui la soumission du duc de Mercœur, la cour résidait au château d'Angers. Le 28 mars, Mercœur venait à Briollay implorer sa grâce auprès d'Henri IV, qui, le 11 avril, quittait notre ville pour aller signer, le 13, le fameux édit de Nantes.

En 1612, l'hôtel de Lancreau reçut une nouvelle destination : il devint la résidence

---

[1] La rue Chevreul n'existant que depuis le commencement de ce siècle, on n'accédait à l'hôtel de Lancreau que par une longue cour (rue *Flore* actuelle) qui s'ouvrait sur la rue Saint-Michel (aujourd'hui *Pocquet-de-Livonnière.*)

du maréchal de Boisdauphin, nommé depuis trois ans gouverneur de l'Anjou, qui prit solennellement possession de sa demeure, le 18 novembre. La grande porte était ornée des armes de France, de la ville et du maréchal, avec cette inscription, qui rappelait le passage d'Henri IV et la fin des guerres de religion :

Tecta hæc nostra subi, victor quæ maximus ille Henricus subiit, pacem cùm poneret orbi [1].

Le 8 août 1614, notre hôtel eut encore meilleure fortune. Le jeune Louis XIII accompagné de sa mère, Marie de Médicis, arrivait du Poitou, où il venait d'apaiser la révolte des princes. Reçus par la milice à un quart de lieue de la ville, par le maire Bodin au faubourg Bressigny, par le Présidial à la porte Saint-Aubin, et par le Chapitre de la cathédrale à l'entrée de la cité, nos augustes hôtes entrèrent à Saint-Maurice, puis, par

---

[1] « Pénétrez dans cette demeure, qui reçut victorieux le grand Henri, lorsqu'il vint rendre la paix au monde. »

la rue Saint-Laud, la rue des Poëliers, la place du Pilori et la rue Saint-Michel, s'acheminèrent vers l'hôtel de Lancreau, que Boisdauphin mettait à leur disposition. Le portail était orné des armes royales avec cette inscription :

Lodoico regi XIII potentissimo religione, maximo indulgentiâ, victori pietate[1].

Le lendemain, au lever de leurs Majestés, Messieurs de la ville, du Présidial et de l'Université, présentés par le maréchal de Boisdauphin, vinrent en leur logis saluer le roi et la reine ; mais dès le 11, leurs Majestés s'embarquèrent pour descendre la Loire et se rendre à Nantes.

Cinq ans plus tard, la reine-mère revint occuper notre hôtel à un nouveau titre. Évadée du château de Blois, où elle avait été reléguée, elle avait traité, le 30 avril 1619, avec son fils, qui lui avait cédé le duché d'Anjou en toute souveraineté. Marie de Médicis, alors retirée à Angoulême, près du

---

[1] « Au roi Louis XIII, qui doit à sa foi sa puissance, à sa bonté sa grandeur, à sa piété ses victoires. »

duc d'Épernon, y reçut les hommages de Messieurs de l'hôtel de ville d'Angers, et fixa au 16 octobre son entrée solennelle dans nos murs. Dans l'intervalle, la municipalité fit à la hâte remettre en état le logis de Lancreau, c'est-à-dire « refaire les jardins, étayer les salles, restaurer et parer les appartements d'honneur ». Au jour convenu avec la reine, toute la noblesse de la province se trouva réunie.

Le comte de Montsoreau, avec 400 gentilshommes et toute la milice bourgeoise, alla l'attendre sur la route des Ponts-de-Cé. Le cortège, pénétrant par la porte Saint-Aubin, se rendit à Saint-Maurice, et de là à l'hôtel de Lancreau, dont on remit à la reine une belle clef neuve en argent doré ; puis le comte de Montsoreau, mettant pied à terre, conduisit Sa Majesté jusqu'à son appartement.

Toutefois, malgré les frais que la ville avait faits pour embellir la résidence de Marie de Médicis, la reine s'y trouvait mal à l'aise. C'était moins un palais qu'un grand hôtel bourgeois ; l'accès en était peu gracieux par cette « *cour du Roi*[1] » (aujourd'hui *rue Flore*) qui desservait également *l'aumônerie* ou hôpital Saint-Michel. Au contraire, le *logis Barrault* (actuellement le Musée), avec sa belle architecture renaissance, allait mieux au goût d'une Italienne élevée dans les palais de Florence. Elle exprima son désir à la municipalité, qui, pour complaire à sa souveraine, fit approprier à son usage la demeure qu'elle préférait.

Mais la reine, à peine sortie de l'hôtel de Lancreau, réalisa un projet qui, en changeant pour longtemps la destination de notre maison, lui valut le nom sous lequel elle est encore connue. Au temps de sa puissance, la régente avait connu le Père de Bérulle et la congrégation naissante qu'il avait fondée sur le modèle de celle qu'avait créée, en Italie, saint Philippe de Néri. Désireuse de favoriser les prêtres de *l'Oratoire*, Marie de Médicis voulut les attirer à Angers,

---

[1] On l'appelait ainsi depuis le passage d'Henri IV et de Louis XIII.

et, pour leur ménager une situation acceptable, fit proposer au Corps-de-ville de recevoir une colonie de l'Oratoire ; toujours docile aux vœux de la Reine, la municipalité accueillit favorablement cette proposition. Bientôt, munis de lettres-patentes datées du 22 février 1620, les Oratoriens négocièrent l'achat de l'hôtel de Lancreau avec *Françoise Harouys de la Rivière*, veuve de *Pierre Bernard de la Turmelière*, dernière héritière, par sa mère, de la famille des Lesrat.

Le 14 avril, Messieurs de l'Oratoire suppliaient le Corps-de-ville « d'avoir agréable l'achat qu'ils avaient fait de la maison de Lancreau, où la reine était logée ». Le *31 octobre, le Père Mathurin Dugué*, agissant au nom de sa Congrégation, *signait l'acte définitif où l'hôtel de Lesrat* était vendu pour la somme de 18.440 livres, et, le 2 novembre, il en prenait possession. Le 23 décembre, l'Oratoire achetait en outre l'aumônerie Saint-Michel, réunie à l'Hôtel-Dieu par un arrêt de 1604. L'église de l'aumônerie était alors dans le plus triste état.

Construite au bas du clos de vignes de Saint-Maurille, elle était à demi enterrée sous l'apport des boues et vidanges que les eaux pluviales y avaient accumulées. Le premier soin des nouveaux propriétaires fut de dégager le lieu saint, de le restaurer entièrement à l'intérieur et de le compléter d'une sacristie convenable. Ces travaux, commencés au printemps de 1621, se prolongèrent pendant deux ans. Enfin, le 12 février 1623, l'évêque Miron vint lui-même inaugurer l'église ainsi transformée en y officiant pontificalement, et, pour y attirer la foule, le Père de Bérulle lui-même prêcha la station de carême.

Bientôt connus et justement appréciés, les Oratoriens, grâce à la protection de la Reine-Mère, purent entreprendre une œuvre plus importante. Peu après son établissement en France, leur Congrégation s'était vouée presque exclusivement à l'enseignement. Dans un centre d'études tel qu'Angers, leurs Pères étaient mieux qu'ailleurs en mesure d'y réussir. Les collèges de la ville végétaient sous le patronage inefficace de l'Université.

Marie de Médicis écrivit alors au Corps-de-Ville pour obtenir que la direction du Collège d'Anjou, situé dans le voisinage de l'Oratoire, fût retirée aux concessionnaires qui le desservaient et confiée aux Oratoriens. Messieurs du Conseil renvoyèrent cette demande à Messieurs de l'Université, et, le 18 mai 1624, fut signé le « contrat faict par MM. de l'Université d'Angers avec MM. les prêtres de l'Oratoire du nom de Jésus, pour instruire et enseigner la jeunesse d'Anjou dans le Collège d'Anjou, nommé le *Collège neuf* ».

On sait avec quel succès les Oratoriens justifièrent la confiance qu'on leur témoigna. Mille élèves, en 1666, et deux mille, dès 1680[1], suivaient les cours de latin, de grec, de philosophie, de physique, de mathématiques, de fortification, etc., etc., que l'on donnait au Collège d'Anjou.

Tous ces cours exigeaient un nombreux personnel de religieux et de professeurs, et l'ancien hôtel de Lancreau dut être remanié

----

[1] Au xviiiᵉ siècle, malgré l'expulsion des Jésuites, ce nombre tomba au chiffre de 270 élèves.

et peu à peu complété pour être adapté à sa nouvelle destination. Toutefois, malgré des traces évidentes de cette appropriation [1], il est assez difficile de déterminer exactement l'œuvre des Oratoriens dans l'état actuel du monument. Du moins est-ce bien le style Louis XIII qu'on voit accusé dans le pavillon du nord-est avec sa haute toiture, dans les lucarnes des combles aux frontons larges et déprimés, dans les grandes fenêtres du premier étage avec leurs chambranles à crossettes et leurs doubles traverses [2], enfin dans la belle frise dorique qui court tout autour de l'édifice.

Jusqu'en 1673, le couvent ne comprenait guère que deux corps de logis : le principal,

---

[1] Notamment le chiffre des Oratoriens qu'on voit ciselé au fronton d'une lucarne du pavillon septentrional. Il consiste en une couronne d'épines, au centre de laquelle on lit les premières lettres des noms de *Jésus* et de *Marie*.

[2] Les traverses ont disparu ; mais on en reconnaît la place aux tuffeaux de petite dimension qui leur correspondent.

qui regarde l'orient, et l'aile méridionale[1].
Mais, à cette époque, la prospérité du collège
permit aux Oratoriens d'utiles amélirations.
L'église, malgré la restauration de 1621, se
ressentait trop de sa première origine. Si la
nef était assainie, le transept et le chœur, plus
enfoncés, ruisselaient d'humidité et de moi-
sisssure. Le Père Pineau, alors supérieur, fit
approuver par le Général de la Congrégation
le plan d'une église nouvelle et d'une annexe
qu'on voulait ajouter au couvent. Les travaux, entrepris en 1674, furent terminés au
printemps de 1677, et le 24 mars l'évêque
Henri Arnauld bénit le nouveau sanctuaire
et y célébra le premier. C'est cette église,
achevée de nos jours (1844-1847) par le curé
Pasquier[2], mais d'un style froid et maus-

[1] Voir notre plan de 1673.

[2] Avant 1844, la nef de l'église de Notre-Dame
n'était autre que celle de l'ancienne chapelle de l'aumônerie Saint-Michel, qui datait du commencement
du xive siècle. Elle était notablement plus étroite que
celle que nous avons connue. Quand on avait franchi
le seuil, un sombre escalier d'ardoises menait dans

sade, qu'on vient de démolir (1898) pour la remplacer par un temple plus digne de la paroisse Notre-Dame.

Par la même occasion, le Père Pineau compléta le couvent de l'Oratoire d'une aile septentrionale, construite dans le même style que le reste du couvent [1], où, un siècle plus tard, on installa vingt-quatre lits pour rece-

l'intérieur de la nef, que surmontait une voûte en bois très basse. Le mur du nord se profilait de biais avec la ligne du chœur, et celui du sud ne se raccordait avec le mur de construction oratorienne que par un angle très disgracieux. L'œuvre du curé Pasquier fut d'abattre le mur du sud et d'appuyer au mur du nord un contre-mur intérieur, malheureusement percé d'arcades à jour qui en compromirent peu à peu la solidité. L'escalier d'entrée fut supprimé et reporté à l'extérieur, tandis qu'on relevait le niveau de la nef. Enfin, une façade convenable ornée de cette inscription : *Pietas erexit,* fut élevée du côté de la rue Saint-Michel. — Ainsi fut complété le plan des Oratoriens.

[1] Mais, pour ménager un passage convenable entre l'arêtier de ce bâtiment et les sacristies nouvelles, on dut faire dévier vers nord l'aile que l'on construisait, ce qui explique un angle encore bien visible dans la cour d'entrée.

voir quelques pensionnaires, ce qui fit donner à ce corps de logis le nom de *Pensionnat*.

Dans la fin du XVIIe siècle, le couvent ne paraît avoir subi de modification que dans l'aile méridionale, réservée aujourd'hui au logement de l'aumônier, et dans la construction qui lui fait suite ; le style Louis XV y est nettement accusé dans l'ornementation des portes et des trumeaux, et même le genre Louis XVI dans les boiseries d'une chambre à coucher, transformée aujourd'hui en salon, où l'on admire, entre autres détails, quatre panneaux sculptés représentant les quatre saisons, que l'on attribue à David père.

Du reste, il est bon de remarquer que les constructions élevées entre l'aumônerie et la cour actuelles de l'Oratoire n'existaient pas, non plus que la rue Chevreul sur laquelle l'une et l'autre donnent aujourd'hui. Les ailes du couvent se prolongeaient vers l'ouest de plusieurs mètres, et étaient reliéees au couchant par une galerie ; ils englobaient ainsi une cour intérieure notablement plus basse[1] que le peu qui en reste aujourd'hui, mais beaucoup plus vaste, qu'une porte cochère faisait communiquer avec la cour commune dite *du Roi* ou *de l'Oratoire*.

Au levant, l'enclos de l'Oratoire était plus étendu qu'aujourd'hui. Au-delà du jardin actuel, régnait un jardin haut, dont l'emplacement est maintenant occupé par les cours et servitudes des maisons Daburon, Lorin et Blanchet, et qui était dominé lui-même par une terrasse bordée d'un mur, avec balustrade en tuffeau sur le chemin de ronde dit des *Petites murailles*[2].

Tèl était l'aspect du couvent de l'Oratoire quand la Révolution en chassa les pro-

---

[1] On a pu en juger en renouvelant dernièrement le parquet d'un des petits parloirs : à 0ᵐ50 au-dessous du plancher, apparut l'ancien pavage à petit appareil régulier.

[2] Pour plus de détails, voir notre plan de 1673 et un article publié dans le tome XI (1897) des *Mémoires de la Société nationale d'agriculture, sciences et arts d'Angers*, p. 243-245.

priétaires, après une possession presque deux fois séculaire.

Ce fut le résultat d'une série dè mesures vexatoires d'autant plus intéressantes à rappeler, que nos congrégations religieuses sont présentement exposées à de nouvelles confiscations.

Le 2 novembre 1789, l'Assemblée nationale, sur la motion de l'indigne évêque d'Autun, mit tous les biens de l'Église de France à la disposition de la Nation, sauf à pourvoir convenablement aux frais du culte, à la subsistance des prêtres et aux besoins des pauvres.

Le 13 avril 1790, la même assemblée prétendit abolir les vœux monastiques et supprimer tous les ordres religieux. Plusieurs de nos Oratoriens d'Angers, imbus sans doute des théories jansénistes qui avaient si vite altéré l'esprit de leur congrégation, eurent la faiblesse de profiter de cette loi sacrilège pour se séculariser.

Le 12 juillet et le 24 août de la même année, l'Assemblée, poursuivant son œuvre d'impiété, votait la Constitution civile du clergé, qui réduisait arbitrairement les évêchés, et supprimait tous les chapitres, prieurés et bénéfices quelconques. Tous les prêtres réputés fonctionnaires publics étaient tenus de prêter le serment de fidélité à cette constitution schismatique. Malgré l'exemple si édifiant et presque unanime du clergé paroissial d'Angers, neuf membres de l'Oratoire, sur quatorze, eurent la lâcheté de s'y soumettre. Mais il importe de remarquer que de ces quatorze Oratoriens, cinq seulement étaient *Pères*, c'est-à-dire *Prêtres*, dont le P. Roy, supérieur, et deux autres, qui refusèrent le serment. Le reste comprenait quelques *Frères*, chargés du service de la maison, et surtout des *Confrères*, probablement laïcs, parmi lesquels *Héron*, professeur de physique, et surtout *Bénaben*, professeur de mathématiques, qui devait se signaler, dans les clubs, par son ardeur à prôner les théories révolutionnaires, et à l'armée, par son acharnement contre les *Brigands* de la Vendée.

A la fin du mois de mai 1792, des commissaires, désignés par le district d'Angers et par la Municipalité, procédèrent à un inventaire détaillé des « meubles et effets » de la maison de l'Oratoire, que le P. Roy promit de mettre à la disposition des autorités compétentes à la première réquisition [1].

Le 18 août de la même année, une loi ayant supprimé les congrégations séculières et les confréries religieuses, le District et la Municipalité envoyèrent le 29 septembre à l'Oratoire de nouveaux commissaires pour procéder au « récollement », c'est-à-dire à la vérification, de l'inventaire précédemment dressé, et, le 2 octobre, la communauté était officiellement dépossédée.

Le couvent, mis à la disposition de la Nation, servit pendant quelque temps de

---

[1] Le procès-verbal de cet inventaire mentionne, entre autres meubles de la chambre du supérieur, un tableau représentant les anciennes arènes d'Angers, que l'on voit aujourd'hui au Musée archéologique de Saint-Jean, près d'un tableau analogue, signé *Coulet pinxit*, provenant du couvent de Saint-Nicolas.

caserne à des troupes qui y commirent maints désordres, brûlant les barriques, les chaises et les tables, et jetant dans le puits les débris de la batterie de cuisine. Quant à l'église, la Municipalité fit démolir les autels et les balustrades pour transformer l'édifice en dépôt de farine.

Le 26 prairial an II de la République (14 juin 1794), on fit enlever ce qui restait du mobilier de la maison, pour le service de la troupe, et enfin, le 24 fructidor an IV (septembre 1796), le vieux couvent avec toutes ses dépendances, y compris l'église, fut mis en adjudication, comme bien national, par le Directoire du département[1]. Le tout fut acquis par le sieur Charles-Pierre Mame, précédemment imprimeur de la Ville, de Monsieur et de Monseigneur l'Évêque, et, depuis 1790, du département de Maine-et-Loire.

---

[1] Quant aux maisons particulières environnantes et aux autres immeubles dont l'Oratoire était propriétaire, ils avaient déjà été vendus nationalement au cours de l'année 1793.

Installé précédemment rue Saint-Laud, dans le local de son associé et prédécesseur Billault, qu'occupe encore la maison Germain et G. Grassin, Mame transporta ses presses dans le couvent de l'Oratoire. Ardent et audacieux comme tout bon méridional, il s'était de bonne heure passionné pour les idées nouvelles. Membre influent du *Club de l'Est* ou des *Amis de la Constitution*, dont son ami Bénaben fut quelque temps président, c'était l'un des principaux représentants de la bourgeoisie libérale d'Angers. Moins exalté après le 9 thermidor, il aurait néanmoins, au rapport de François Grille, fait de l'Oratoire un des centres politiques de la ville, où il donnait des bals, des concerts, des dîners et des fêtes brillantes, rendez-vous des généraux, des fonctionnaires et des magistrats, des savants, des artistes et des poètes. Si les murs pouvaient parler !

Mame n'occupa guère que le corps principal du bâtiment, l'aile du nord et les jardins. Peu de temps après son acquisition, il avait cédé l'aile méridionale, la construction carrée où elle s'amorce, et une partie de la cour d'entrée au sieur Joseph Villier, son ami, jadis professeur et préfet des études à l'Oratoire de Saumur [1]. Ce Villier, qui ne devait être dans sa Congrégation que simple confrère et laïc, se maria en 1782, devint président du Grenier à sel de Saumur, et fut délégué, en 1789, à l'Assemblée provinciale préparatoire aux États généraux. Fixé à Angers, il entra dans l'administration du département, et, à ce titre, organisa dans notre Vendée le culte constitutionnel. Président du Directoire en 1798, il rentra dans l'enseignement à l'*École centrale*, qui, en attendant la création des Lycées, remplaça quelque temps le Collège d'Anjou. Il y professa l'histoire et la géographie jusqu'en 1804, c'est-à-dire deux ans avant sa mort. Tel fut, après Mame, le pre-

[1] Nous avons en notre possession un curieux *Recueil de Racines latines à l'usage des Écoles royales militaires et des Collèges de la Congrégation de l'Oratoire,* distribué par séries de six vers de huit pieds, à l'instar des décades de Lancelot. — Paris, Barbou, MDCCXXIX.

mier propriétaire de l'aile méridionale de l'Oratoire[1]. Obligé par un arrêté préfectoral (1800) de rescinder son immeuble, c'est lui qui fit élever sur la rue Flore récemment percée (aujourd'hui rue Chevreul) la façade insignifiante de l'aumônerie actuelle. Sa veuve vendit la portion du couvent qu'elle possédait, à Marie-Joseph Milscent, lieutenant du Présidial avant la Révolution, premier député du Tiers-État d'Angers aux États généraux, président du Tribunal d'Appel en 1800, puis membre du Corps législatif, enfin, de retour à Angers, président de la première Chambre, lors de la création des Cours impériales. C'est donc à l'aumônerie même de l'Oratoire actuel que demeura, pendant la dernière période de sa vie, un des personnages les plus marquants de l'ancien et du nouveau régime en Anjou.

Revenons à Charles Mame. En 1800, pour obliger l'abbé Bouguier, ancien curé de Saint-

---

[1] Voir C. Port, *Dictionnaire historique de Maine-et-Loire*, au nom de *Villier*.

Michel-du-Tertre[1], et se faire pardonner l'acquisition qu'il avait faite d'un bien ecclésiastique, notre imprimeur avait gratuitement abandonné au culte, en faveur de la nouvelle paroisse de Notre-Dame, la jouissance de l'ancienne église des Oratoriens, qu'il vendait, le 21 juin 1809, au curé Paulu pour la somme de 11.000 livres tournois (18.164 fr. 19), réservant expressément pour lui, ses enfants et petits-enfants, « les premières places dans la tribune de ladite église qui approchent le plus de la chaire à prêcher, ainsi qu'il en jouissait avant ladite vente, pour les dimanches et fêtes conservées ». Nous sommes loin du temps où le citoyen Mame se jetait avec ardeur dans le mouvement révolutionnaire, organisait le *Club de l'Est* et devenait à Angers le *leader* de la société républicaine.

[1] L'église paroissiale de Saint-Michel-du-Tertre s'élevait sur la crête du rocher schisteux qui domine le boulevard des Pommiers ; elle s'écroula le 25 ventôse an IV (mars 1796), et ne laissa que des restes insignifiants, visibles encore sur la terrasse de M. Fairé père.

Depuis longtemps aussi, Mame avait renoncé aux affaires.

A partir du 10 vendémiaire an X (23 septembre 1801), l'imprimerie était dirigée par ses fils Charles-Matthieu et Philippe-Auguste. Le 30 avril 1816, il vendait à ce dernier, pour la modique somme de 20.000 francs, tout ce qui lui restait des « maisons, cours et jardins de l'Oratoire », sauf quelques portions de terrain donnant à l'est sur le nouveau boulevard (actuellement maisons Daburon, Lorin et Blanchet).

A son tour, le 12 avril 1827, Ernest Mame, fils de Philippe-Auguste, vendait à son oncle Charles-Matthieu, au prix d'achat, les mêmes locaux et bâtiments. Mais, peu après, celui-ci abandonnait Angers pour aller se fixer près de Tours, où l'un de ses frères, Armand-Augustin-Fernand, venait de fonder l'imprimerie célèbre que l'on admire aujourd'hui.

Avant de quitter définitivement notre ville, Charles Mame loua son immeuble de l'Oratoire pour 12, 15 ou 18 ans, à dater du 1er janvier 1829, moyennant la somme de

2.000 francs, à *Ernest Le Sourd*, qui lui succédait dans l'imprimerie.

Les choses en étaient là quand Mme Cécile, dont le pensionnat était situé à cent pas plus haut, conçut le projet d'acquérir le vieux monument si riche de souvenirs, pour y installer la Congrégation qu'elle espérait fonder.

C'est ainsi qu'après avoir été successivement noble hôtel, résidence des rois, sanctuaire de la religion et de la science, foyer de républicanisme, imprimerie modèle, l'Oratoire allait devenir l'asile de l'étude et de la prière, et le berceau d'une congrégation angevine trop éphémère, mais dont le souvenir et les traditions pieusement conservées ont maintenu à cette maison l'excellente réputation dont elle a toujours joui.

CHAPITRE VI

**Mᵐᵉ Cécile acquiert et occupe l'Oratoire. —
La Chapelle. — L'Aumônier**

L'acquisition de l'Oratoire n'était pas chose facile. Sans parler des conditions à débattre avec les propriétaires, il fallait encore désintéresser les locataires, qui ne manqueraient pas de profiter des circonstances pour exagérer leurs droits.

Ce fut le 7 février 1834 que Mᵐᵉ Cécile signa le contrat par lequel Charles Mame lui vendait, avec leurs dépendances, les bâtiments dont il était propriétaire, au prix de 50.000 fr., payables dans trois mois. Ces conditions étaient un peu dures : même en tenant compte des avantages faits aux propriétaires précédents, en raison de leur parenté avec les vendeurs, le prix fait à

Mme Cécile dépassait de plus de moitié celui auquel l'immeuble avait été précédemment cédé.

De plus, Mame, comme nous l'avons vu, avait loué son immeuble de l'Oratoire et cédé son imprimerie à Ernest Le Sourd. Homme intelligent et adroit, muni d'un long bail, ce locataire entendait faire largement payer la convenance à la future propriétaire. Mme Cécile eut, du moins, la prudence d'attendre un an. Enfin, après plusieurs pourparlers, Le Sourd consentit à résilier, le 24 avril 1835, moyennant une indemnité de 11.000 fr., qui furent versés moins de trois mois après. En quittant l'Oratoire, Le Sourd alla s'établir rue Chaussée-Saint-Pierre, sur un terrain appartenant à M. Lechalas, où il construisit l'imprimerie qu'il devait, le 1er janvier 1838, céder à MM. Cosnier et Lachèse.

Déjà les sacrifices que s'était imposés Mme Cécile s'élevaient à plus de 60.000 fr., et cependant elle n'avait acquis que les deux tiers de l'ancien couvent de l'Oratoire. Il lui manquait, entre autres choses, une portion indispensable, nous voulons dire celle du sud-est, où règne le grand escalier d'honneur, et la cour qui y conduisait. Le propriétaire de cette partie était alors M. Moreau-Fresneau, qui l'avait acquise, en 1826, des héritiers Milscent, avec l'aile méridionale et les cour et jardin voisins. Par acte passé le 3 novembre 1835, Mme Cécile acheta de M. Moreau, pour la somme de 10.000 fr., « un porche et une petite cour longue » qui donnaient sur la rue Flore (aujourd'hui rue Chevreul), le grand escalier qui leur fait suite et le bâtiment exploité au sud par cet escalier. Mais on réservait à l'usage du locataire précédent, M. Turgot, percepteur, un cabinet (aujourd'hui cabinet d'histoire naturelle) qui donnait sur la rue au-dessus du porche susdit, et une chambre froide au-dessus du cabinet ; était pareillement réservé un grand salon situé au rez-de-chaussée, sur un petit jardin, aujourd'hui voisin de l'aumônerie. Cette dernière pièce restait à la disposition des époux Berger, qui, comme nous le verrons plus tard, occupaient l'aumônerie actuelle de l'Oratoire.

Mais, de même qu'il avait fallu désintéresser E. Le Sourd, locataire de Mame, Mme Cécile dut verser à Turgot une indemnité de 9oo fr. pour la résiliation de son bail (13 oct. 1835).

Pour subvenir à toutes ces dépenses et aux frais d'appropriation, Mme Cécile, après avoir sacrifié une grande partie de sa fortune, eut recours à la bienveillance de plusieurs bienfaitrices, telles que Mlle Marie d'Andigné, MM^mes de Goyon, de Boylesve, etc.

Cependant, dès que l'achat de la propriété Mame fut arrêté, l'autorité ecclésiastique ne crut pas devoir tarder plus longtemps à satisfaire la piété de la digne et généreuse fondatrice. M. le vicaire-général Régnier examina soigneusement le règlement verbalement approuvé par M. Prieur, et permit à Mme Cécile de le présenter, avec quelques modifications, à Mgr Montault. Le vénérable évêque y donna, le 14 septembre 1834, son approbation.

Ce fut une grande joie pour Mme Cécile et ses compagnes, qui pouvaient dès lors se lier par *des vœux temporaires*. Aux trois vœux ordinaires de religion, on leur permit de joindre celui de s'employer à l'éducation chrétienne de la jeunesse. Munies de ces autorisations, elles firent une retraite préparatoire sous la direction de l'abbé Mocher, et, le 3 octobre 1834, prononcèrent les engagements sacrés qui, plus que jamais, les enchaînaient à Dieu, à leur communauté et à l'œuvre à laquelle elles s'étaient dévouées.

De son côté, l'abbé Jean de La Mennais, regardant comme providentielle l'acquisition d'une maison précédemment occupée par des religieux oratoriens, conseilla à notre pieuse fondatrice de prendre pour elle et ses filles le titre de *Religieuses oratoriennes de Saint-Philippe de Néri*, et d'adopter ce grand saint pour patron de leur congrégation. Mais, comme déjà on l'avait spécialement consacrée à la Très Sainte Vierge, saint Philippe de Néri n'en fut jamais que le patron secondaire[1].

Ces transformations religieuses stimulaient le zèle de Mme Cécile, qui, pour approprier utilement son nouvel immeuble, alla visiter les maisons des Oiseaux, de Sainte-Clotilde, du Sacré-Cœur, et d'autres pensionnats religieux de Paris, pour s'inspirer de leur organisation et des règles qu'on y observait.

L'année scolaire de 1835-1836 fut tout entière consacrée à ces travaux d'appropriation.

Les salles où était établie l'imprimerie Mame furent destinées aux classes et maintenues à peu près dans le même état; on laissa même bouchée la partie supérieure

---

[1] Toutefois la fête de saint Philippe de Néri fut toujours célébrée avec une solennité extraordinaire. Une vingtaine de prêtres y étaient invités; la messe était chantée, et le soir on donnait un salut solennel. De leur côté, les enfants apportaient de magnifiques bouquets pour décorer l'autel; en dehors des offices, elles avaient récréation toute la journée.

des grandes fenêtres, qui ne furent complètement dégagées que sous la direction de la R. Mère Sainte-Angèle.

Le grand salon de réception, qui occupe la plus grande partie du premier étage, resta divisé en trois pièces : savoir, une chambre avec alcôve et cheminée à l'usage de la Supérieure ; au delà une petite pièce, qui servit de bureau à Mme Saint-Laurent, son assistante, et à l'extrémité un salon pour recevoir les étrangers.

Dans l'aile septentrionale, au-dessus de l'infirmerie actuelle des élèves, on installa de grandes pensionnaires, telles que Mme de Bercy et Mlle Méala d'Andigné, qui habitait déjà la maison Montgremier.

A la porterie furent établis comme concierges les époux Péhu, dont se souviennent encore les vieux paroissiens de Notre-Dame et les anciennes élèves de l'Oratoire.

Mais une des plus chères préoccupations de la nouvelle propriétaire fut de préparer une demeure pour le divin Maître, comme elle l'avait fait en prenant possession du

Pensionnat Montgremier. Mais aujourd'hui ce n'était plus une humble chambre qu'elle voulait offrir à Notre-Seigneur, c'était une véritable chapelle qu'elle entendait élever. Elle en confia la construction à l'architecte Villers.

Ce fut le 10 mars 1836[1] que l'abbé Régnier vint en poser solennellement la première pierre. Mme Cécile, dont la santé avait été fort ébranlée pendant l'hiver, avait dû se faire porter sur une chaise longue pour assister à la cérémonie. Elle fut dédommagée de ses fatigues par la douce et vive émotion que Dieu lui fit éprouver dans cette circonstance, « comme dans toutes celles, écrit-elle, où son œuvre semblait acquérir une nouvelle stabilité ».

Quelques mois après, le couvent de l'Oratoire, transformé pour la cinquième ou sixième fois, était à peu près en état de recevoir ses nouveaux habitants. Ce fut le

---

[1] Le frontispice de la chapelle porte encore, avec le chiffre des *Dames oratoriennes* (DO), la date de 1836.

10 juin 1836 qu'à la faveur de vacances extraordinaires accordées au Pensionnat, ces Dames opérèrent leur déménagement. La maison était encore remplie d'ouvriers; mais peu à peu tout se rangea, s'organisa, et bientôt il ne resta plus à surveiller que la construction de la chapelle. Malgré tout le zèle de Mme Cécile, les travaux se poursuivirent pendant toute l'année scolaire 1836-1837. Enfin, au commencement de l'été, elle se trouva terminée. Le 5 juillet 1837, Mgr Montault, malgré son grand âge, voulut bien la bénir lui-même et donner ainsi à ces Dames une des dernières preuves de sa paternelle affection[1]. Des religieuses, les parents des élèves, beaucoup d'anciennes élèves du pensionnat Montgremier, assistaient à cette touchante cérémonie. Ce fut pour Mme Cécile le sujet d'actions de grâces enthousiastes pendant plusieurs semaines. « Louange, amour, reconnaissance à vous, Seigneur mon Dieu, qui m'avez permis de vous bâtir une demeure. »

---

[1] Mgr Montault mourut le 29 juillet 1839.

Élégante dans sa simplicité, pieuse et recueillie à l'ombre du vieux couvent et des beaux arbres de la terrasse, la chapelle, élevée par les soins de Mme Cécile, n'est cependant pas sans défaut. Elle est d'un style gothique assez mal défini qui accuse l'inexpérience des architectes de l'époque[1]. Elle est trop petite pour recevoir commodément les parents des élèves, trop restreinte même, ce qui est plus grave, pour contenir les plus jeunes enfants du Pensionnat, tel qu'il existe aujourd'hui. De plus, aux jours de fête, on n'avait d'autre tribune à offrir aux chanteuses qu'un réduit obscur placé au-dessus du sanctuaire et de la sacristie, et qui ne communiquait avec la chapelle que par une sorte de porte à deux battants, ouvrant juste au-dessus de l'autel, ce qui était peu décent

[1] Ce style rappelle celui de deux maisons particulières du même temps qui affectent la forme d'une chapelle, et que l'on voit, l'une au n° 4 de la rue du Canal, l'autre sur le boulevard du Roi-René, près de l'ancien hôtel de Quatrebarbes : cette dernière, qu'habitait l'architecte Villers, porte, comme notre chapelle, la date de 1836.

et fort gênant pour le célébrant. C'est pour obvier à cet inconvénient que la R^{de} Mère Sainte-Claire a fait, longtemps après, construire, à l'entrée de la chapelle, la tribune actuelle.

La chapelle demandait un desservant, et la nouvelle communauté, transformée en famille religieuse, réclamait un aumônier.

Depuis longtemps, l'abbé Mocher s'occupait avec le plus grand soin d'une œuvre à laquelle l'attachaient de plus en plus sa piété, son zèle et son talent remarquable dans la direction des âmes. D'autre part, son goût pour l'étude et pour la vie cachée, sa modestie et une santé relativement peu robuste lui faisaient désirer un ministère plus tranquille et plus retiré. Ces considérations le portèrent à prier, dès 1836, Mgr Montault de le décharger de la cure de Notre-Dame. Le pieux évêque refusa d'abord. Mais la santé de M. Mocher s'altérait, en même temps que le service paroissial prenait plus d'importance au point d'exiger un second vicaire.

M. Mocher crut devoir réitérer sa demande

auprès de Sa Grandeur, qui lui fit répondre par M. Régnier qu'on acceptait sa démission et qu'en attendant un autre poste, il pouvait rendre aux Dames de l'Oratoire tous les services nécessaires. C'était au mois de juin 1837, quelques semaines avant la bénédiction de la Chapelle.

La nouvelle de cette démission affecta vivement les paroissiens de Notre-Dame, qui depuis quatorze ans avaient pu apprécier les rares qualités de leur curé. On ne s'expliquait pas les motifs qui avaient pu le déterminer à résilier ses fonctions. On crut qu'il avait en cela cédé aux instances de Mme Cécile, et les mauvaises langues en prirent occasion pour répandre des insinuations malveillantes, qui ne pouvaient sans doute entamer la parfaite honorabilité du digne prêtre, mais qui furent très pénibles à sa nature si sensible et si délicate.

Le 1er juillet, on installait à la place de M. Mocher, l'abbé Pasquier, curé de Maulévrier et précédemment aumônier du Lycée. En quittant le presbytère, l'ancien pasteur

se retira dans un très modeste appartement
situé dans le voisinage de l'Oratoire, où
Mme Cécile le faisait servir. Cette résidence
ne devait être que provisoire. Au commencement de l'année 1838, Mme Cécile, dont la
maison devenait trop étroite, demanda à
son supérieur, M. Régnier, l'autorisation
d'acheter un logis situé entre les bâtiments
qu'elle occupait déjà et l'aumônerie actuelle :
ce pavillon, qui donnait sur la rue et avait
été réservé, comme nous l'avons vu, pour
l'usage du percepteur Turgot, comprenait
au-dessus d'un porche : une chambre à feu
au premier, une autre au second et un grenier. M. Régnier, au nom de Mgr l'Évêque,
accorda l'autorisation demandée, en ajoutant ces quelques mots, qui causèrent à
Mme Cécile la plus agréable surprise : « Ce
logement pourrait convenir à M. Mocher,
votre aumônier. » C'est ainsi que la pieuse
Supérieure apprit la création définitive de
cette charge au profit du prêtre vénéré qui
avait tant contribué à la fondation de son

œuvre et devait rendre encore longtemps à l'Oratoire de si précieux services.

Le local que venait d'acheter Mme Cécile, fut vendu 7.000 francs. Des anciens bâtiments de l'Oratoire, il ne restait plus à acquérir que l'aile méridionale, qui forme l'aumônerie actuelle, et qui, louée aux époux Berger, était encore la propriété de M. Moreau-Fresneau.

On mit à la disposition du nouvel aumônier la pièce du premier étage comme antichambre, et, comme chambre à coucher, la pièce située au-dessus de la porterie actuelle[1], transformée aujourd'hui en infirmerie de religieuses. C'est dans cette calme retraite, où il lui était si facile de communiquer avec sa chère communauté, que le pieux aumônier a passé tant d'années dans l'étude, la prière et la rédaction de ces constitutions, de ces instructions solides et de ces confé-

---

[1] Comme nous l'avons déjà dit, l'antichambre de M. Mocher est devenue le cabinet d'histoire naturelle ; la pièce du second sert de cellule à une religieuse.

rences spirituelles, si fort appréciées des religieuses de l'Oratoire.

Du reste, à peine démissionnaire, ce modeste ecclésiastique cessa toute relation avec ses anciens paroissiens et s'effaça aussi complètement que possible pour ne gêner en rien l'action de son successeur, à ce point qu'un jour où il assistait, dans l'église Notre-Dame, à une cérémonie funèbre, M. Pasquier dut aller le chercher dans les dernières stalles du chœur, où il s'était humblement caché, et le faire asseoir près de lui en lui disant : « Vous me faites honte à une pareille place. »

CHAPITRE VII

Développement et organisation religieuse de la Congrégation

La construction de la chapelle et l'institution d'une aumônerie devaient hâter l'organisation religieuse de la Communauté.

Jusque-là, ces Dames avaient à l'église des places réservées où elles devaient assister avec leurs élèves aux offices de la paroisse. Quelques mois après la bénédiction de la chapelle, elles demandèrent et obtinrent facilement l'autorisation d'être dispensées de cette servitude et de faire célébrer chez elles toutes les cérémonies du culte.

A la même époque, la congrégation naissante prit un nouveau développement. A mesure que s'affirmait son caractère religieux, il devenait désirable que les personnes employées au service de la maison fussent elles-mêmes soumises à la même

influence, astreintes au même règlement,
et pénétrées du même esprit. Toutefois
Mme Cécile, dont la santé était déjà bien
ébranlée, répugnait à s'adjoindre des sœurs
converses. La Providence vint à son aide.
Deux des domestiques de la maison étaient
de pieuses filles qui ne demandaient qu'à se
lier plus étroitement envers Dieu. Cinq
autres jeunes personnes, simples ouvrières
du voisinage, bien connues de Mme Cécile
et dirigées depuis plusieurs années par
M. Mocher, semblaient toutes prêtes à les
imiter. Encouragée par leurs bonnes dispositions, Mme Cécile accepta de les recevoir à
l'Oratoire, de les admettre avec les premières
dans sa congrégation, et, avec le concours
de l'Aumônier, de les former à la vie religieuse.

Le 24 juin 1837, les unes et les autres
prirent un costume uniforme, et après un
an d'épreuve, le 24 septembre 1838, en la
fête de Notre-Dame-de-la-Merci, elles prononcèrent leurs vœux, en présence de l'abbé
Régnier.

Mme Cécile n'eut qu'à se louer de la piété et du dévouement des nouvelles Sœurs, qui ont laissé à l'Oratoire ou dans les diverses maisons de la Retraite le souvenir le plus édifiant. Qu'il nous suffise de citer :

Sœur *Sainte-Louise* (Émilie *Hamon*), religieuse d'une humilité admirable ;

Sœur *Sainte-Thérèse* (N. *Boumard*), à la Retraite Sœur *Sainte-Marguerite*, élevée au couvent des Trappistines des Gardes ; instruite, pleine de tact et de finesse, elle avait rempli les fonctions délicates de demoiselle de compagnie, dans une famille noble, avant d'entrer à l'Oratoire ;

Sœur *Saint-Désiré* (N. *Cesbron*), surnommée Notre-Dame de Bon-Secours ; toujours disposée à rendre un service demandé, après s'être fatiguée jusqu'à extinction, elle se disait encore l'obligée de celles pour qui elle s'était employée ;

Sœur *Saint-Jean* (N. *Juvin*), aux prières de laquelle se recommandait Mgr Angebault et qui mourut en 1855, dans les dispositions les plus édifiantes de résignation, de joie, même au milieu de ses souffrances et de confiant abandon à la sainte volonté de Dieu ;

. Et cette chère Sœur *Sainte-Julie* (Émilie *Bougué*), depuis l'agrégation Sœur *Saint-Clément*. C'était une cousine de Mgr Perché, mort archevêque de la Nouvelle-Orléans. Toute jeune fille, elle chantait à l'église de Notre-Dame, sous la direction de Mlle Prévost de la Chauvellière. Plus tard, elle songeait à se vouer à l'instruction des petites filles dans la Congrégation des Ursulines, quand M. Mocher, son directeur, la fit entrer à l'Oratoire. Elle vit encore aujourd'hui, retirée à la Retraite d'Angers, où elle édifie la Communauté par sa régularité exemplaire et l'aménité parfaite de son caractère.

Du reste, toutes ces premières sœurs converses, et plusieurs de celles qui furent admises plus tard à l'Oratoire, étaient au-dessous de leur position par leur extrême politesse, leur tact et surtout leur bon esprit. Admirablement formées à la piété, elles furent souvent proposées comme modèles aux sœurs converses qui suivirent, et dès le début on n'eût pas fait difficulté de les admettre parmi les religieuses de chœur, si l'on eût prévu la pénurie de maîtresses dont on devait un jour souffrir.

Ce ne furent pas seulement ces humbles filles qui accrurent la petite communauté de l'Oratoire. Plusieurs pieuses demoiselles s'offrirent de s'y dévouer, comme les premières religieuses, à l'instruction des enfants.

Ce fut d'abord Mlle *Pilatte* (Mme *Sainte-Adelaïde* [1], depuis l'agrégation Mère *Saint-Benoît*), sœur d'un professeur du Lycée et de ces demoiselles Pilatte qui ont si longtemps édifié par leur assiduité aux offices les paroissiens de Notre-Dame. Caractère froid, elle cachait sous une rude écorce un cœur d'or, capable des plus héroïques dévouements. Elle prononça ses premiers vœux le 11 novembre 1837.

[1] Les Religieuses de chœur s'intitulaient « *Sœur N···* », mais les élèves et les étrangers les appelaient « *Madame* ».

Avec elle fit profession Mlle *Douineau* (Mme *Saint-Léon*, depuis Mère *Saint-Léonce*), fille d'un médecin de Montjean. Élève des Dames de Montgremier, puis de l'Oratoire, elle demanda, au sortir même de la pension, d'être admise comme postulante dans la maison où elle avait été initiée à la piété. Un accident l'avait rendue très infirme depuis l'âge de quinze ans : on lui conseilla d'aller dans sa famille se fortifier pendant quelques années ; mais, sur ses instances, on l'admit, au bout de deux ans seulement, dans la Congrégation.

Le 23 avril 1839, ce fut Mlle Élise *Gentil* qui prononça ses vœux sous le nom de Sœur *Saint-Paul* (depuis Mère *Marie Saint-Paul*). Admirable de bonté, d'humilité et de générosité, elle fut dans la suite une insigne bienfaitrice de l'Oratoire, qui lui doit, comme nous le dirons bientôt, une importante construction.

Le 16 juillet 1840, en la fête de Notre-Dame du Mont-Carmel, venait s'adjoindre à tant de ferventes religieuses Mlle Marie

Mortier, en religion Sœur *Saint-Louis de Gonzague* (plus tard Mère *Saint-Louis*). Avec ses deux sœurs, Augustine et Delphine, elle avait terminé, avec succès, son éducation à l'Oratoire. Fervente religieuse et dévouée jusqu'à l'épuisement de ses forces, elle fut tour à tour, ou même simultanément, appliquée à l'enseignement de l'histoire, de la littérature, de l'instruction religieuse et du chant. Les liens étroits qui nous unissent à cette pieuse tante ne nous permettent pas d'en faire autrement l'éloge. Disons seulement combien il nous est doux de retrouver souvent sur les lèvres de ses anciennes élèves l'expression émue du bienveillant et respectueux souvenir qu'elles lui ont gardé.

Enfin mentionnons dès maintenant Mlle Eléonore B*** (Mme *Saint-Augustin*), qui prononça ses vœux le 4 octobre 1842, mais qui, comme nous le dirons plus tard, n'eut pas le courage de persévérer, et dont le départ devait être si pénible à Mme Cécile.

Cependant les progrès de Congrégation nécessitaient une Règle religieuse plus complète que le règlement provisoire approuvé dans le principe. Avec l'autorisation de Mgr l'Évêque, M. Régnier chargea M. Mocher de s'entendre avec la Supérieure pour rédiger des *Constitutions* et un *Coutumier*.

Après avoir pris connaissance de la Règle qu'ils élaborèrent et l'avoir légèrement retouchée, M. Régnier lui donna une première approbation en attendant celle de Monseigneur, et, le 31 décembre 1840, il écrivit à M. Mocher pour le prier d'en donner à la Communauté la lecture et l'explication. Le digne aumônier s'empressa de le faire, et Mme Cécile trouva si juste et si édifiant le commentaire qu'il donna des nouvelles Constitutions, qu'elle en fit des extraits qu'on lisait de temps en temps aux Religieuses réunies.

La joie que ces vocations religieuses et ces améliorations apportaient à la digne Supérieure fut compensée par des pertes sensibles et des malheurs de famille qui affectèrent vivement son cœur si aimant et si dévoué.

Le 29 juillet 1839, mourait Mgr Montault, qui avait souvent donné à Mme Cécile et à son œuvre des gages de sa paternelle sympathie. Il eut, comme on sait, pour successeur Mgr Paysant, qui prit possession de son siège au printemps suivant.

Un mois à peine après le décès de Mgr Montault, Mme Cécile faisait une perte plus sensible dans la personne de Mme Élisabeth (Mlle Puysségur), une de ses premières associées, qui, malgré les soins les plus maternels, expirait, à l'âge de 34 ans, entre les bras de sa Supérieure.

Enfin, le 17 août 1841, s'éteignait, à l'âge de 77 ans, au château de la Perraudière, le père de Mme Cécile, M. Prévost de la Chauvellière. Les dernières années du vénérable magistrat avaient été cruellement éprouvées. Après être resté longtemps avocat-général, il était élevé depuis peu aux honorables fonctions de président de Chambre à la Cour royale, lorsque la Révolution de Juillet vint briser sa carrière. Libre de ses loisirs, il se laissa entraîner avec quelques amis dans une spéculation malheureuse qui avait pour objet le desséchement des marais de la Dive. Non content de s'engager personnellement pour une somme de 250.000 fr., il commit l'imprudence de cautionner lui-même ses associés. L'affaire échoua, et le malheureux vieillard y perdit 600.000 fr. C'était toute sa fortune. L'hôtel de la Chauvellière, où était née Mme Cécile, fut adjugé à des marchands de biens [1], le 9 août 1839 ; pour venir en aide à son beau-père, M. de la Perraudière vendit une importante propriété, tandis que Mme Cécile, avec l'assentiment de ses compagnes, lui fit une modeste pension. C'est dans ce dénûment et avec le chagrin d'occasionner à ses enfants de si lourds sacrifices que mourut le pauvre vieillard, le 17 août 1841. Malgré sa tendre affection pour un père que le malheur lui rendait encore plus cher, Mme Cécile avait un tel respect pour les

---

[1] Il fut vendu, le 22 février 1840, par ces acquéreurs à la famille de Fontenay, représentée aujourd'hui par Mme de la Monneraye, née de Fontenay, actuellement propriétaire de l'hôtel.

règlements de la vie religieuse, qu'elle se priva de la consolation d'assister à ses derniers moments.

Ces épreuves réagirent doulourensement sur la santé de la digne Supérieure et développèrent une maladie intérieure qui exigea de pénibles traitements et la rendit pour longtemps très faible et infirme, à ce point qu'elle ne pouvait se transporter seule d'un lieu à un autre et ne pouvait guère se tenir qu'étendue sur une chaise longue.

Quelques jours après la mort de son père, Mme Cécile apprit celle de Mgr Paysant, décédé, le 6 septembre 1841, au cours d'une visite pastorale. Cette perte fut vivement sentie par les communautés religieuses du diocèse, pour lesquelles le regretté prélat s'était montré très bienveillant. Peu de temps avant sa mort, il était venu à l'Oratoire, où il avait donné la bénédiction du Très Saint Sacrement.

Pour la seconde fois en deux ans, M. l'abbé Régnier fut élu vicaire-capitulaire. Les fonctions de proviseur, qu'il avait dignement remplies au Collège royal, celles de vicaire-général, où depuis dix ans il montrait autant de sagesse que d'autorité, attirèrent sur lui l'attention du gouvernement. Apprenant que l'on songeait à lui pour occuper un des évêchés vacants, Mme Cécile, jusque-là supérieure d'office, le pressa de faire procéder, avant son départ, à l'élection d'une supérieure régulièrement nommée. M. Régnier se rendit à ses désirs et, assisté de M. Mocher, présida, le 24 février 1842, des élections où Mme Cécile fut à l'unanimité élue pour six ans.

La veille même de cette cérémonie, M. l'abbé Angebault, vicaire-général de Mgr de Hercé, à Nantes, était nommé évêque d'Angers. Le nouveau prélat désirait vivement garder près de lui M. Régnier. Mais la Providence en décida autrement, pour le bien du diocèse qu'il devait gouverner ; nommé au siège d'Angoulême, il quitta Angers à la fin du mois d'août et fut sacré à Paris le 25 septembre. Son départ fut particulièrement sensible à Mme Cécile, qui avait souvent recours à ses lumières et dont il demeura longtemps le conseiller dévoué.

« Du moins, écrit la pieuse Supérieure, cette épreuve se changea bientôt en consolation : car un père de plus nous fut donné en la personne de Mgr Angebault. Avec une bonté qui ne s'est jamais démentie, il se mit presque aussitôt au courant de nos petites affaires. »

D'ailleurs, Mgr Angebault était depuis longtemps exercé à la direction des congrégations religieuses, et s'était en particulier appliqué à relever celle des sœurs de Saint-Gildas, dirigeant lui-même les études du noviciat et composant, pour les religieuses et les enfants, des ouvrages classiques encore appréciés. On pouvait donc, à l'Oratoire, compter sur sa paternelle sollicitude.

Dès ses premières visites, il trouva que la Communauté avait gardé, au moins à l'extérieur, un caractère trop séculier.

Il crut devoir modifier d'abord le costume, devenu quelque peu ridicule. Pour ne pas effaroucher les parents des élèves, ces Dames portaient, au lieu de l'habit religieux, un uniforme semi-laïc, et, en particulier, un bonnet à gros tuyaux, qu'elles recouvraient, pour sortir en ville, d'un de ces chapeaux *cabriolets* dont seules, depuis 1830, elles avaient gardé la mode. Leurs amis les plus dévoués les plaisantaient agréablement à ce sujet et les assuraient que le nouvel évêque ne souffrirait pas longtemps de pareilles bizarreries. Les élèves elles-mêmes, habituées à vénérer en elles des religieuses déguisées, les pressaient de prendre un vêtement plus conforme à leur genre de vie.

Consulté sur ce point par Mme Cécile, Mgr Régnier approuva le changement de costume, et conseilla d'ajouter le mot de *saint* ou *sainte* aux noms sous lesquels on désignait les membres de la Congrégation. Ces dehors religieux, ajoutait Sa Grandeur, ne devaient pas les empêcher de sortir pour se rendre à la campagne, aux jours de congé ou pendant les vacances : leur vie sédentaire exigeait ce changement d'air, mais il approuvait de ne pas laisser les sœurs converses faire les courses en ville.

Forte de ces conseils, Mme Cécile s'ouvrit de ces projets de réforme à Mgr Angebault, qui les approuva, la pria de s'entendre sur le nouveau costume avec la Communauté, et promit d'aller lui-même bénir et imposer leurs voiles. Le vêtement adopté fut celui que porte Mme Cécile dans le beau portrait qui orne le fond de la salle de réception de l'Oratoire. Retenu par d'autres occupations, Monseigneur se fit remplacer pour la cérémonie de vêture par son vicaire-général, l'abbé Bernier, qui la présida le 26 janvier 1843, assisté de M. Mocher. A cette occasion, on avait donné grand congé à toutes les élèves. Le soir, un peu avant l'heure de la rentrée, toutes les religieuses se réunirent et se rangèrent en cercle dans une des principales pièces de la maison, revêtues de leur nouveau costume. On fit alors entrer les pensionnaires ; on juge de leur surprise et de leur joie. Les vieux préjugés étaient définitivement tombés, et un lien de plus unissait les élèves à leurs maîtresses.

Peu de temps après, Mgr Angebault, étant venu lui-même à l'Oratoire, approuva fort le costume adopté. Il laissa aux religieuses le nom des saints ou des saintes qui les distinguait ; mais il imposa celui de son patron à Mme Adelaïs (Mlle Huard), qu'on appela dès lors Mme *Saint-Laurent*.

Les religieuses ne gardèrent plus des usages du siècle que leur chevelure, qui ne tarda pas, du reste, à être supprimée. Dans une de ses fréquentes visites, Monseigneur entendant une jeune sœur s'accuser d'arriver parfois en retard à la chapelle à cause du temps qu'elle était obligée de donner à sa chevelure : « Il faut vous en défaire », dit en souriant Sa Grandeur. Puis, s'adressant à la Supérieure : « Est-ce que vous gardez vos cheveux ? » — « Oui, Monseigneur », répondit-elle. — « Il faut couper cela », reprit le bon évêque. Dès le lendemain, bien que la coiffure réglementaire supposât une chevelure, l'obéissante Supérieure fit tondre toute sa Communauté, non sans tirer quelques larmes à une jeune religieuse qui avait de fort beaux cheveux.

Vers cette époque, le développement progressif de la Congrégation et du Pensionnat mit à l'étroit le personnel de la maison. Mais, comme il était alors difficile d'acquérir aucun des immeubles voisins, force fut à Mme Sainte-Cécile de s'agrandir sur place. C'est alors (vers 1844) qu'elle fit élever, à la suite de la porterie, le corps de bâtiment qui renferme les petits parloirs, les petites classes et les lingeries, construction qui, pour le dire en passant, fait plus d'honneur à l'esprit de pauvreté de l'humble fondatrice qu'au bon goût de l'entrepreneur. Ainsi disparut, encastré dans les nouveaux murs, un gracieux pavillon situé au fond de la cour, qui conduisait au grand escalier et dont on aperçoit encore quelques colonnes.

Le 2 septembre 1846, notre chère fondatrice avait la douleur de voir mourir, à l'âge de 35 ans, une autre de ses premières com-

pagnes, Mme Sainte-Félicité (Mlle de Livonnière); religieuse instruite, elle avait composé,
à l'usage du Pensionnat, une histoire uni-
verselle en trois volumes et un abrégé
d'histoire de France. Sa mort fut une perte
d'autant plus pénible pour la Congrégation
que les sujets manquaient ou ne persévé-
raient pas, effrayés par l'austérité de la règle
et la vie pénible de ces dames. Toutefois, le
29 janvier 1847, Mgr Angebault crut devoir
approuver définitivement les *Constitutions*
et le *Coutumier* de la Congrégation.

Le 2 mars 1848, Sa Grandeur présida
elle-même les élections, où Mme Sainte-Cécile
fut maintenue dans le supériorat. La Communauté ne comprenait alors que sept religieuses de chœur et douze converses. Elle
n'était, du reste, guère plus riche d'argent que
de sujets. « Notre maison est pauvre, écrivait à cette occasion la vertueuse Supérieure ;
mais cette pauvreté n'inquiète aucune de nos
sœurs, et leur confiance fait disparaître en
moi un peu de la sollicitude que cet état de
choses me faisait éprouver à cause d'elles.

D'ailleurs, la Providence a fait pour nous des choses merveilleuses. Mes ressources de famille ont semblé souvent se multiplier entre mes mains. Bien souvent, ne sachant pas où prendre ce que je devais donner pour les provisions, je recevais la veille au soir un paiement sur lequel je ne comptais pas... Je désire extrêmement pratiquer et faire pratiquer la pauvreté. Je crois avoir perdu les manières larges que l'aisance que j'avais dans le monde et la grande consolation que j'avais à donner, m'avaient fait contracter. Je me fais peut-être illusion sur ce point comme sur bien d'autres!... »

CHAPITRE VIII

La vie religieuse à l'Oratoire

Nous avons vu dans le chapitre précédent comment s'acheva peu à peu l'organisation religieuse de la Congrégation des Dames de l'Oratoire. Nous voudrions donner ici quelques détails sur l'esprit qui les animait, sur les exercices qu'elles observaient, sur la direction qu'on leur donnait. Malheureusement nous n'avons pu recueillir sur cet intéressant sujet que de rares documents.

Le plus intéressant nous manque, le livre des *Constitutions* et le *Coutumier* de la maison : ces deux ouvrages étaient manuscrits et n'ont pu être retrouvés.

A la vérité, le décret officiel qui autorise la « Communauté des Dames Oratoriennes de Saint-Philippe-de-Néri » porte que les statuts de cette Congrégation sont conformes en tous points aux statuts approuvés par ordonnance royale du 7 juin 1826 pour la Communauté des Ursulines d'Amiens. Mais cette prétendue conformité, alléguée pour éviter une enquête aussi inutile que difficile, ne prouve rien.

Nous ne pouvons donc donner sur les règles et les usages de la maison que des renseignements très incomplets.

Les vœux se renouvelaient tous les cinq ans.

La Supérieure était régulièrement élue pour six ans. Tant que dura l'ancien Oratoire, la vertu de Mme Sainte-Cécile, la part prépondérante qu'elle avait prise à la fondation de la Congrégation, la nécessité d'unir dans une même main la direction des religieuses et celle du Pensionnat, qui ne convenait bien qu'à elle, la firent toujours choisir pour Supérieure. Les autres religieuses lui donnaient le nom de *mère*.

Elle avait pour *assistante*, dès 1836, Mme Saint-Laurent[1], qui en exerça les fonctions

[1] Elle signe avec ce titre le procès-verbal de la pose de la première pierre de la chapelle.

jusqu'à sa mort. Nous dirons tout à l'heure les services importants rendus à l'Oratoire par cette excellente religieuse.

Aux vacances de 1853, sur la proposition de Mgr Angebault, on songea à créer une *maîtresse des novices*. A vrai dire, Mme Sainte-Cécile, dirigée par M. Mocher, en remplissait la charge. Mais Monseigneur sympathisait peu avec notre Supérieure, qu'il trouvait trop ardente et un peu méticuleuse, tandis qu'il goûtait fort l'humeur enjouée, l'esprit gracieux et prime-sautier de Mme Saint-Laurent, et le caractère vraiment religieux de sa dévotion. Mme Sainte-Cécile devina bien la pensée du Prélat, et ne fut pas complètement insensible à cette préférence ; mais elle avait l'âme à la fois trop haute et trop humble pour en paraître froissée. Du reste, elle-même affectionnait tendrement Mme Saint-Laurent et lui était vivement reconnaissante du dévouement avec lequel elle la secondait. Aussi, après en avoir conféré avec M. Mocher, elle s'empressa de désigner son assistante au choix bien arrêté du Prélat, et, depuis ce moment, quoiqu'il lui en coûtât, elle s'abstint soigneusement de s'occuper du Noviciat.

En dehors de la maîtresse des novices et de l'aumônier, dont nous dirons bientôt les qualités et l'influence considérable, on a pu voir quelle part plus ou moins directe prit Mgr Angebault à la direction de notre Congrégation comme de toutes celles de son diocèse. Non content de descendre souvent à l'Oratoire, il en faisait régulièrement chaque année la visite officielle, entendant en particulier toutes les religieuses. Il fit plus : comptant sur l'influence de Mme Saint-Laurent, il lui proposa, dès 1845, d'être lui-même « son Directeur ». La digne Religieuse, touchée de cette attention, lui ouvrit son âme dans une longue lettre, à laquelle nous emprunterons bientôt quelques détails intéressants sur M. Mocher et sur Mme Sainte-Cécile.

Nous ne savons presque rien des exercices de piété en usage à l'Oratoire. Nous avons seulement entre les mains un recueil d'*Examens particuliers* qui porte sur la pratique des trois vertus fondamentales de *tempérance*, de *justice* et de *piété*, et qui, sous ces titres un peu vagues, embrassent tous les devoirs d'une bonne religieuse. Chaque examen comprend d'abord un texte de la Sainte Écriture recommandant la vertu proposée, puis une analyse des actes ou des dispositions que produit cette vertu, enfin une prière à la Très Sainte Vierge. Ce recueil intéressant est tout entier écrit de la main de Mme Sainte-Cécile. Si elle en était l'auteur, il ferait le plus grand honneur à sa sagacité et à sa piété ; mais je crois qu'il faut plutôt l'attribuer à M. Mocher.

Au mois de janvier 1855, Mme Sainte-Cécile et Mme Saint-Laurent écrivirent à Mgr Angebault pour lui représenter que, ne pratiquant pas les mortifications corporelles usitées en d'autres Congrégations, il leur semblerait bon de faire régulièrement, devant la communauté réunie, la *coulpe* ou accusation publique et spontanée, portant « sur tous les manquements qui peuvent être vus ou entendus ». Monseigneur permit de faire cet exercice d'humilité tous les quinze jours.

La sainte pauvreté était strictement observée. Tout ce qui servait aux Religieuses devait, à certains intervalles, être mis *au grand commun*, c'est-à-dire que, plusieurs fois l'an, tous les objets d'un usage journalier étaient mêlés pour être ensuite répartis au hasard entre toutes les Religieuses. Ce point de règle, qui paraîtra minutieux aux personnes du monde, avait pour but d'empêcher qu'on eût pour le moindre objet la plus légère attache.

Mais nous donnerons une plus juste idée de l'esprit religieux qui régnait à l'Oratoire, en faisant connaître celui des personnes qui étaient l'âme de la Congrégation.

Depuis longtemps nos lecteurs ont pu apprécier Mme *Sainte-Cécile*. Ame ardente et élevée, portée même à la fierté par naissance et par éducation, mais d'une bonté de cœur et d'un dévouement admirables, peu apte aux travaux d'esprit, mais très ouverte aux vérités de la foi, faible de santé, mais douée d'une merveilleuse énergie, voilà ce que la nature l'avait faite, et les qualités que rectifia et sanctifia la grâce de la vocation religieuse.

Dans une lettre intime qu'elle adressait à Mgr Angebault, Mme Saint-Laurent, bien placée pour juger sa supérieure, faisait d'elle ce bel éloge : « Notre Mère Supérieure est douée d'une énergie que les difficultés ne sauraient ébranler. C'est une âme fortement trempée, à laquelle les sacrifices de tous genres ne coûtent pas quand ils ont la gloire de Dieu pour objet. Elle est constamment dirigée par un désir vif du bien, un dévouement sans bornes, une abnégation entière d'elle-même qu'elle voudrait inspirer à tout ce qui l'entoure. »

Voilà bien, en quelques lignes, toute l'âme de la vertueuse Mère. Une religieuse qui l'a beaucoup connue et que nous avons plusieurs fois citée, Mère Sainte-Bertile, complète ainsi le portrait :

« Pendant trente ans, notre chère Supérieure exerça à l'Oratoire un zèle pur dans ses motifs, ardent dans ses aspirations, actif dans ses manifestations. Dévouée jusqu'à l'entier oubli d'elle-même, peut-être la chère Mère ne mesura-t-elle pas toujours avec assez de mansuétude la force ou la faiblesse des âmes. Ne connaissant pas pour elle-même les transactions avec Dieu, elle comprenait difficilement qu'il pût y avoir quelque réserve dans l'holocauste. Les conseils et l'expérience lui firent entrevoir que la grâce, ce don de Dieu, n'est pas donné à tous dans les mêmes proportions, qu'elle a ses temps et ses moments qu'il faut attendre et respecter. Ardente et persévérante dans ses désirs du bien, elle n'abandonnait un projet conçu que lorsque la voix de l'autorité lui en faisait connaître l'impossibilité ou l'inopportunité. La vivacité de son esprit gênait en elle le calme de la réflexion, et l'empêchait parfois de peser, dans la paix, le pour et le contre de chaque chose. Cette disposition de son caractère fut pour elle l'occasion de bien des sacrifices et de grandes souffrances. Simple et droite dans ses vues, elle ne modéra pas toujours assez son empressement naturel, et elle ne s'apercevait pas de l'embarras que pouvait parfois causer la poursuite d'un projet, d'une idée, d'un désir du bien. Ces défauts, qui n'étaient pas des fautes, étaient entre les mains de Dieu des moyens dont il se servait pour éprouver cette chère âme et faire croître son humilité. »

Mais, cette part faite aux excès d'une trop généreuse nature, quels sentiments édifiants, quelles vraies vertus nous pouvons admirer en elle! Citons-en quelques exemples.

Pour étouffer en elle les derniers restes de l'amour-propre, elle se reprochait les moindres imperfections en ce genre, et ses notes de retraite portent souvent qu'elle devait s'appliquer à l'*humilité*, à la douceur, à la patience, et né pas trop se préoccuper de ce que l'on pourrait penser d'elle. — Après avoir reçu de ses filles l'aveu de leurs manquements extérieurs à la Règle et aux vertus de leur état, elle faisait elle-même humblement sa coulpe aux pieds de son

Assistante. — Avant de tomber malade et dès que sa santé lui permit de marcher, on la voyait parfois aider à desservir la table et à essuyer la vaisselle pour permettre aux sœurs converses de prendre part à la récréation commune.

Elle était naturellement si bonne ! Avec les anciennes élèves qui revenaient à l'Oratoire pour faire leur retraite, comme avec les domestiques, les fournisseurs et les ouvriers, elle était d'une générosité et d'une largesse qu'eût peut-être désavouées une prudente économie. Seules ses religieuses étaient pauvrement traitées : c'est que, pour ses sœurs comme pour elle, elle voyait dans la pauvreté un grand moyen de perfection et un puissant motif de s'abandonner filialement à la Providence. Nous avons rapporté à la fin du chapitre précédent, ses pieuses dispositions à cet égard.

Non contente d'être toute détachée des biens de ce monde, elle pratiquait le renoncement jusque dans les affections les plus légitimes avec une énergie d'autant plus admi-

rable que son cœur sentait plus vivement.

Nous avons vu avec quel courage elle se
sépara de son cher père, quand elle se crut
appelée de Dieu à une vie plus parfaite,
avec quelle constance elle demeura inébran-
lable devant les remontrances de sa famille,
avec quelle abnégation elle s'abstint même
d'assister aux derniers moments de son père.
Citons encore un trait où sa vertu s'éleva
jusqu'à l'héroïsme. Son beau-frère, M. de la
Perraudière, qui l'aimait comme sa véritable
sœur, et qui avait généreusement sacrifié
une partie de sa fortune pour soulager la
détresse de M. Prévost, tomba dangereuse-
ment malade dans l'hôtel de la Chauvellière,
à deux cents pas de l'Oratoire. Avide de voir
Mme Sainte-Cécile avant de mourir, il l'envoie chercher par sa femme et Mme de Scépeaux. Mais ces deux dames pressent vainement leur sœur de les accompagner; elles
vont jusqu'à la prendre par le bras pour
l'emmener; elle résiste à leurs instances et se
dégage de leurs mains. A trois jours de là,

obligée d'aller pour affaires chez un homme de loi, elle vint à passer en voiture devant cette maison où elle n'avait pas mis le pied depuis 1829, et où la réclamait la plus vive et la plus naturelle affection ; alors arrêtant le cocher, elle descendit et franchit le seuil. Mais à peine eut-elle fait quelques pas sous le porche, que, rougissant de sa faiblesse, elle remonta en voiture, en disant à la sœur converse qui l'accompagnait : « Ah ! ma fille, qu'allais-je faire ? »

Mais ce n'est pas seulement dans quelques circonstances extraordinaires qu'elle montrait un tel empire sur elle-même. A toute heure, elle luttait soit contre la souffrance physique, qui la clouait sur ce petit lit d'où elle présidait souvent aux conférences religieuses et aux exercices de la Communauté, soit contre les préoccupations que provoquaient l'imperfection de son œuvre et l'incertitude de l'avenir, soit contre son désir trop ardent du bien et la sévérité de sa direction, qu'elle s'efforçait de tempérer et d'accommoder aux besoins de ses filles. C'est ce qu'elle nous révèle dans une page touchante, où se montrent tout à la fois son zèle, sa patience, sa bonté toute maternelle et sa profonde humilité :

« Bien que d'habituelles souffrances aient peut-être un peu diminué mon énergie et me rendent le gouvernement de la maison plus pénible et plus difficile, cependant je ne trouve pas que depuis dix-huit ans mon caractère ait changé. Rarement j'ai été contredite par mes supérieurs ecclésiastiques. Cette approbation presque habituelle m'a peut-être donné trop de hardiesse pour exprimer mes pensées, et, sans en avoir la volonté, mes manières trop positives et qui paraissaient trop pressantes, bien que souvent je crusse mettre de la lenteur, ont dans plusieurs circonstances fait souffrir quelques personnes ; j'en ai acquis la certitude. J'avoue que cette pensée me fait une peine profonde, et, sur ce point, je voudrais de tout mon cœur racheter le passé... Depuis ma dernière élection (2 mars 1848), je sens ma foi et ma confiance se fortifier sur l'efficacité des grâces gratuites

que Dieu doit et qu'il donne aux supérieurs :
cela me rassure pour les autres, mais doit
peut-être me faire trembler pour moi-même !
Vous toutes qui lirez ceci, priez pour moi ! »

Après Dieu, une vertu aussi soutenue était
due à la sage direction de l'abbé *Mocher*. A
l'éloge que nous en avons fait ailleurs, nous
n'ajouterons ici que quelques mots sur le
ministère de cet homme de Dieu à l'Oratoire.
« Je regarde comme un grand bienfait écrivait Mme Saint-Laurent à Mgr Angebault,
d'avoir pour confesseur de notre maison un
ecclésiastique aussi sage, aussi calme, aussi
prudent, aussi réservé que M. Mocher. C'est
un prêtre bien humble, bien intérieur, et qui
attire sur nous les bénédictions du ciel.
Faire le bien en tout et vivre ignoré des
hommes, c'est la vie tout entière de notre
saint aumônier. »
C'était d'ailleurs un prêtre de la vieille
école, et comme tel, d'un rigorisme un peu
janséniste. Jamais il n'aurait permis à une
enfant de s'approcher de la Sainte-Table

entre sa première et sa seconde communion solennelle. Mais cette sévérité de principes, ordinaire au clergé de l'époque, était tempérée chez lui par une délicatesse et un tact parfaits, et par une bonté affectueuse qui, jointe à sa vertu, le faisait aimer de tous et vénérer comme un saint.

Connaissant depuis longtemps Mme Sainte-Cécile, seul il savait manier cette âme ardente et modérer son zèle. La pieuse supérieure, qui n'avait jamais passé par l'école d'un noviciat, ne connaissait la science de la perfection chrétienne que par les livres, et, comme nous l'avons dit, jugeant des autres par elle-même, elle ne savait point dissimuler la rigueur des principes ni toujours l'accommoder à la faiblesse de la nature humaine. Son sage directeur rassurait les âmes effrayées d'une perfection si austère, les consolait, les encourageait et les élevait ainsi tout doucement au degré de vertu que la fervente supérieure eût voulu leur faire atteindre d'emblée.

Nous ne pouvons rien dire de plus sur un

ministère tout intime, où le pieux aumônier aimait à s'ensevelir. Qu'il suffise de faire remarquer que, soit par ses conseils privés, soit par ses conférences religieuses, soit par ses instructions écrites, il eut dans l'organisation et le développement de la Congrégation la part peut-être la plus active et la plus efficace.

Ce sont là les services éminents que l'autorité diocésaine voulut reconnaître en nommant M. l'abbé Mocher chanoine honoraire de la Cathédrale, le 8 avril 1844.

Avec Mme Sainte-Cécile, personne ne profita mieux de ses conseils et ne seconda mieux son zèle que Mme *Saint-Laurent*, la religieuse préférée de Mgr Angebault.

C'était une femme remarquable, dont l'intelligence, la science et la distinction compensaient amplement quelques désavantages physiques, qu'on avait vite oubliés[1]. Bien que très vertueuse, elle redoutait extrêmement

---

[1] Elle était laide, très grosse, et **affligée** d'un squirre, qui lui donnait encore plus d'embonpoint.

les jugements de Dieu, et avouait humblement à Mgr Angebault qu'elle craignait si fort d'être réprouvée qu'elle ne pouvait s'empêcher d'en pleurer. Du reste, toute dévouée à sa digne Supérieure, dont elle était une des premières compagnes, elle la servait et la complétait merveilleusement, malgré les incommodités d'une mauvaise santé et le surcroît de travail qu'elle s'était imposé ou qu'elle avait généreusement accepté. Avant même d'être nommée maîtresse des novices, ses fonctions d'Assistante lui donnaient sur ces futures religieuses une autorité qu'elle se reprochait d'exercer parfois avec trop de rigueur. Son âme noble et élevée, comme celle de Mme Sainte-Cécile, avait peine à supporter chez les autres un manque d'égard, de délicatesse et de charité. Mais elle rachetait cette sévérité par son enjouement, son entrain et la franchise de ses procédés.

Pour la direction des novices elle avait réuni ou rédigé elle-même des notes très judicieuses et très complètes sur la vocation, sur les vertus d'une religieuse vouée à l'enseignement, des instructions très intéressantes sur toutes les fêtes de l'année, et enfin un questionnaire demeuré incomplet sur toute la vie du Sauveur. Elle avait même pris soin de résumer tous les sermons de M. Mocher; mais ce cahier est malheureusement égaré. Bref, elle ne négligeait rien pour faire avancer rapidement les jeunes Sœurs vers la perfection.

Ainsi, sous des formes diverses et avec des tempéraments qui variaient suivant les personnes, la direction religieuse de l'Oratoire était sérieuse, mais un peu sévère et la règle assez austère pour décourager plusieurs aspirantes. Mais, dans celles qui avaient l'énergie de persévérer, quel détachement, quelle souplesse de volonté, quelle aménité de caractère! comme la nature était domptée, et la grâce, féconde en vertus! C'est le témoignage qu'en ont rendu toutes les supérieures qui les ont vues à l'œuvre. Les Sœurs converses elles-mêmes se faisaient remarquer par leur humilité, par leur déférence parfaite pour les Religieuses de chœur, auxquelles elles ne parlaient qu'à la troisième personne, et par leur empressement à rendre tous les services qu'on exigeait d'elles.

Aussi pouvait-on les citer plus tard comme modèles aux Sœurs de la Retraite avec lesquelles elles furent employées.

CHAPITRE IX

Le Pensionnat

La constitution religieuse des Dames Oratoriennes n'avait pour but que de les mettre en état d'élever chrétiennement les jeunes filles qu'on leur confiait. La Communauté n'existait que pour le Pensionnat. Après avoir fait connaître les Religieuses, la direction qu'on leur imprimait et l'esprit qui les animait, il est donc naturel de parler des élèves, de leur nombre et du milieu où elles se recrutaient, de l'instruction qu'elles recevaient, de la discipline à laquelle on les soumettait, de la formation religieuse qu'on leur donnait, et même de ces fêtes et de ces distractions qui répandent sur la vie du Pensionnat tant de charmes et de bonnes joies.

Comme au temps des Dames de Montgremier, les élèves, sous la direction de

Mme Cécile, se recrutèrent d’abord dans la noblesse et les classes aisées de la société. Mais on reçut bientôt des enfants appartenant aux classes laborieuses ; clairsemées dans le principe et un peu dédaignées de leurs compagnes, elles devinrent de plus en plus nombreuses, surtout lorsque s’établirent en France les maisons du Sacré-Cœur, et qu’à Angers même se développa le pensionnat de Bellefontaine.

Par compensation le nombre des élèves augmenta graduellement. Un état estimatif du mobilier cédé par Mmes de Montgremier mentionne trois tables au réfectoire, quatre tables de classe seulement et trente-deux lits d’élèves. Le changement de direction provoqua bien quelques défections. Mais les vides furent vite comblés. En 1839, « le nombre des enfants était très satisfaisant [1] ». A la vérité, un compte d’entretien adressé à Mgr Angebault, en 1844-45, n’accuse que dix-neuf pensionnaires. Mais cette catégorie

---

[1] Msc. de Mère Saint-Bernard.

d'élèves se multiplie rapidement dans les
années suivantes. En 1853, où le chiffre
total des enfants s'élève environ à 130, les
deux dortoirs étaient insuffisants. Mais
comment suppléer à l'exiguité du local? Les
propriétaires de l'aile méridionale de l'ancien
couvent ne voulaient vendre à aucun prix.
Force fut donc à Mme Sainte-Cécile de prendre
une détermination que peut seule excuser
son embarras. Grâce au précieux apport
d'une de ses meilleures religieuses [1],
Mme Saint-Paul, elle fit surélever de deux
étages la partie carrée qui termine au sud le
principal corps de logis, et avancer de quatre
pieds la façade qui donnait sur le jardin ; on
ajouta de même une volée au grand escalier.
Ces constructions permirent d'établir l'un
au-dessus de l'autre deux dortoirs dans les

---

[1] Le père de cette religieuse, M. Gentil, mécontent
de l'entrée de sa fille au couvent, ne lui avait alors
donné qu'une dot modeste. A sa mort, survenue vers
l'époque où nous sommes arrivés, Mme Saint-Paul
reçut en héritage une somme de 30.000 fr., qu'elle
abandonna à Mme Sainte-Cécile pour la construction
dont on va parler.

étages supérieurs de cette partie ; mais comme elles achevèrent de déparer l'édifice ! « Je sais bien quelle besogne je fais, disait tristement la bonne Supérieure, mais je ne puis mieux faire. »

L'instruction que recevaient les élèves de l'Oratoire était celle que l'on donne encore aujourd'hui aux jeunes filles, sauf qu'on faisait sans doute une part moins grande aux études scientifiques. Mme Sainte-Cécile enseignait elle-même le catéchisme, dans les hautes classes, avec une précision et une autorité qui impressionnaient vivement les élèves. Mme Saint-Louis de Gonzague, malgré ses trop nombreuses fonctions, était chargée d'instruire les enfants des communions. L'histoire profane, avons-nous vu, fut longtemps et remarquablement enseignée par Mme Sainte-Félicité qui avait, en outre, la direction générale des études [1] ; Mme Saint-Laurent donnait le cours de littérature. Plusieurs des maîtresses excellaient au dessin,

---

[1] Dès 1836, Mme Sainte-Félicité signait « préfète des études ».

spécialement Mme Saint-Léon et Mme Saint-Louis de Gonzague.

Après la mort de Mme Sainte-Félicité, Mme Saint-Laurent devint préfète des études ; mais on dut adjoindre au personnel enseignant un professeur étranger pour suppléer au petit nombre des maîtresses [1]. Pendant quelque temps aussi le cours de dessin et de peinture fut confié, sur le conseil de l'abbé Régnier, à une artiste de talent, fille d'un professeur de langues étrangères au Lycée d'Angers, Mlle Marie-Augustine de Châteauneuf, qui entra en 1843 au noviciat de la Retraite, où elle reçut le nom de Mère Saint-Ignace. Elle devait revenir un jour reprendre à l'Oratoire le cours qu'elle avait abandonné et qui, dans l'intervalle, fut confié à Mme la chanoinesse Villers de Lerné, l'auteur du beau portrait de Mère Sainte-Cécile qui décore le fond de la grande salle de réception.

Une discipline exacte, à laquelle les

[1] C'est sans doute à cette occasion que M. Daveau fut prié de donner des cours de français à l'Oratoire.

familles devaient rigoureusement se plier, maintenait parmi les élèves le respect du travail et le bon ordre. Sur ce point, comme en tout, Mme Sainte-Cécile ne connaissait que le devoir. Une de ses nièces, Mlle de Kersabiec, était élevée à l'Oratoire : son caractère, comme il arrive souvent à cet âge, laissait un peu à désirer ; mais les maîtresses avaient plein pouvoir pour la reprendre et la punir sans crainte de déplaire à la digne Supérieure, qui elle-même affectait avec sa nièce plus de sévérité qu'avec toute autre enfant.

Pour couper court à la vanité et éviter les différences choquantes dans la toilette des élèves, à l'Oratoire, comme chez les Dames de Montgremier, l'uniforme était de rigueur les jours de fête et de sortie, et l'on ne tolérait point de pèlerines brodées. Le jour même de la première communion, toutes les petites filles étaient astreintes au costume le plus simple et le plus modeste, d'où l'on bannissait toutes les superfluités que l'on croit nécessaires aujourd'hui.

Si la discipline était sévère et les études vivement poussées, des délassements et des récompenses bien ménagées encourageaient les élèves et leur faisaient aimer le Pensionnat. C'étaient, comme de nos jours, des fêtes pleines d'entrain, qu'organisait avec succès Mme Saint-Augustin ; c'étaient surtout les promenades à Lorette. *Lorette* est le nom d'une terre qui, sur le cadastre et dans les titres de propriété, est appelée la *Petite Maulévrie*, et qui est située sur la paroisse Saint-Laud, non loin de la route des Ponts-de-Cé. Cette propriété comprenait alors, outre la ferme, les dépendances et le potager, une maison de maître que l'on voit encore, avec des jardins et des bosquets. Le tout mesurait près de cinq hectares. C'était un bien de famille attribué, d'après un partage entre vifs, à Mme Cécile dès l'année 1833, et qu'elle donna, vingt ans plus tard, à la Communauté de l'Oratoire, sous réserve de disposer, en faveur de ses neveux, d'une somme de 12.000 fr. Le nom religieux de *Lorette* fut substitué par ces Dames à l'ancien nom de *Maulévrie* et consacré par l'offrande d'une statue de Notre-Dame de Lorette que donna M. Mortier, père de Mme Saint-Louis de Gonzague.

Cette petite campagne n'avait point alors l'air maussade et délaissé d'aujourd'hui. Le jardin anglais qui s'étend de la maison au chemin était entretenu avec soin et orné d'arbres séculaires. Du côté du midi, une belle allée, bordée de parterres et de pelouses, conduisait à des bancs rustiques tapissés de mousse et encadrés de buis. Enfin, un épais rideau de chênes nains protégeait les enfants contre la curiosité des voisins ou des étrangers. Hélas ! là comme ailleurs, les fermiers ont, à la longue, envahi le domaine réservé. Des choux-fleurs et des artichauts ont remplacé toutes ces belles inutilités. Les arbres séculaires eux-mêmes sont tombés sous la cognée, au grand scandale du bon Dr Farge, qui, de sa campagne, assistait à l'exécution.

Au temps de sa splendeur, Lorette était le lieu des promenades du pensionnat : on y venait tous les jeudis, et Dieu sait les cris et

les ébats de la bande joyeuse. On y jouait,
on entendait une pieuse lecture, on consacrait
quelque temps à un travail manuel, on
collationnait surtout, et l'on revenait dispos
reprendre à l'Oratoire les études et les exercices de la vie sérieuse.

Quelquefois, dans la belle saison, Lorette
était le but de parties plus charmantes
encore, mais réservées aux aînées de la maison. Ce jour-là, les élèves des cours supérieurs se levaient à cinq heures, comme les
Religieuses, et, la prière faite, partaient pour
Lorette, munies chacune d'un livre de leçons
et d'un morceau de pain. Arrivées à la maison de campagne, elles faisaient ample
cueillette de fraises, de cerises, de prunes ou
de poires qu'elles mangeaient avec leur pain,
puis elles rentraient à l'Oratoire pour la
classe. Où sont aujourd'hui les jeunes filles
qui feraient le matin six kilomètres à pied,
pour le plaisir d'aller déjeuner à Lorette?

Il était pour les meilleures élèves une autre
fête très appréciée et très propre à stimuler
leur ardeur au travail. Après Pâques,

Mgr Angebault lui-même proposait aux jeunes filles des sujets de devoirs, que l'on corrigeait ensuite soigneusement. Celles qui avaient le mieux réussi étaient invitées à venir, avec leurs maîtresses, passer la matinée à l'Esvière. Elles assistaient d'abord à la messe de Monseigneur, qui leur adressait ensuite une courte allocution. Son action de grâces terminée, le bon Prélat leur faisait servir un déjeuner. Mais souvent les pauvres enfants, intimidées par la présence de Sa Grandeur, n'osaient presque rien prendre, de sorte qu'en sortant elles criaient famine à leurs maîtresses et revenaient presque à jeun.

La distribution des prix était à l'Oratoire, comme dans tous les établissements d'éducation, la sanction suprême du travail et de la bonne conduite. Nous avons encore en notre possession, quelques-uns de ces vieux ouvrages instructifs, sévèrement choisis, bien conservés dans leur antique couverture de basane, plusieurs ornés des armes de Mgr Montault. Les vacances commençaient

seulement le lendemain de l'Assomption et
duraient environ cinquante jours.

Il est inutile de dire que rien n'était négligé,
surtout par le pieux aumônier, pour donner
aux élèves une connaissance approfondie de
la religion et leur inspirer une dévotion
solide. Outre les leçons données par les maîtresses dans les différentes classes, M. Mocher faisait lui-même le catéchisme, et donnait
aux aînées de la maison un cours d'analyses
religieuses très apprécié, contrôlant le résultat
de ses leçons par des récitations et des examens où il ne craignait pas de se montrer sévère. Du reste, il faut le reconnaître, la sévérité était bien un peu la note dominante de
son enseignement et de toute sa conduite.
C'étaient, en lui, comme nous l'avons remar-
qué plus haut, les restes de la rigidité janséniste, adoucis par une bonté, un respect des
enfants et un dévouement sans borne. Tel
était le ton de ces intéressantes homélies
qu'il prononçait, chaque dimanche, sur
l'Évangile du jour ; tel, le genre qu'il avait

adopté jusque dans la direction des âmes,
ne permettant que rarement, même aux plus
grandes élèves, d'approcher de la Table
Sainte. En revanche, les communions étaient
préparées avec le plus grand soin, et, la veille
des fêtes, la tenue générale était irrépro-
chable. Du reste, cette sévérité de principes,
commune alors dans le clergé séculier, ne
rebutait pas les enfants, dont la plupart,
une fois sorties de pension, continuaient de
s'adresser à leur ancien aumônier.

A cette époque, où la foi était plus vive et
les caractères mieux trempés, on ne sentait
pas le besoin de réveiller la dévotion par des
pratiques spéciales, aujourd'hui plus utiles.
D'ailleurs l'abbé Mocher aimait peu tout ce
qui ressemblait à une innovation, ce qui
rendait les cérémonies ordinaires un peu
monotones. Il rachetait cet inconvénient en
officiant avec une dignité et un respect des
choses saintes qui édifiaient beaucoup les
assistants ; parfois il chantait lui-même, avec
autant de goût que de piété, quelque morceau
remarquable, comme le *Rorate* de l'Avent.

Les fêtes religieuses étaient célébrées avec beaucoup d'éclat, et les chants, fort bien exécutés ; les élèves de ce temps se rappellent encore l'effet saisissant de ce beau *Stabat* à trois voix, que l'on exécutait dans l'après-midi du Vendredi-Saint [1]. Deux fêtes étaient spécialement solennisées à l'Oratoire : celle de la Présentation de la Sainte Vierge, qui était la fête patronale, et celle de saint Philippe de Néri, patron secondaire de la Congrégation. La première coïncidait d'ordinaire avec la clôture ou l'ouverture de la retraite annuelle. Cette retraite était commune aux enfants du Pensionnat et aux anciennes élèves. Celles-ci étaient alors confiées à la direction immédiate de Mlle Boguais de la Boissière, jadis élève de Mmes de Montgremier, qui, pendant 24 ans, suivit ces pieux

---

[1] Un jour, des inspecteurs d'Académie, passant sous les fenêtres de la chapelle, dans la rue de l'Aubrière, furent si charmés de l'exécution de ce *Stabat*, qu'étant venus visiter la maison quelques jours après, ils en firent compliment aux maîtresses, et demandèrent qu'on voulût bien le chanter encore devant eux.

exercices avec une exactitude, un zèle et des fruits d'édification vraiment remarquables.

C'était le prélude de cette institution permanente qui, sous le nom d'*Association des Enfants de Marie*, a fait, depuis, tant de bien à nos anciennes élèves. Sur ce point, comme sur bien d'autres, l'Oratoire moderne continue, et perfectionne même, les religieuses traditions inaugurées par la Révérende Mère Sainte-Cécile et l'abbé Mocher.

CHAPITRE X

L'agrégation à la Retraite

Élue, comme nous l'avons dit, pour la seconde fois supérieure de la Communauté et du Pensionnat de l'Oratoire (mars 1848), Mme Sainte-Cécile vit encore prospérer son œuvre pendant quelques années.

En 1852, Mgr Angebault, qui, dès le commencement de son épiscopat, avait voulu assurer le succès de cette institution, profita d'un décret récent pour faire autoriser légalement et reconnaître par le Gouvernement l'*Association* religieuse des Dames oratoriennes.

Un an auparavant, une vocation visiblement bénie du ciel assurait à l'Oratoire le concours aussi précieux que dévoué d'une religieuse dont les services ont été longtemps appréciés des enfants et de leurs familles.

Mˡˡᵉ Léonie Mesnard, ancienne élève de la Retraite d'Angers, s'était d'abord vouée à l'enseignement comme sous-maîtresse à l'école de Saint-Florent-le-Vieil, puis, au même titre, mais sous les ordres d'une religieuse, à l'école de Saint-Rémy-en-Mauges, où elle demeura six ans. Elle-même songeait sérieusement à la vie religieuse, mais ne savait à quelle Congrégation s'adresser. Ayant eu occasion de voir Mᵍʳ Angebault, elle s'ouvrit à Sa Grandeur de ses désirs et de ses perplexités. Comme elle éprouvait quelque répugnance pour la Retraite, Monseigneur l'engagea vivement à entrer à l'Oratoire, l'assurant que Dieu la voulait là. Elle obéit, fut reçue à la maison dès 1848 et prononça ses vœux le 5 juin 1851. On lui donna le nom du patron de la Congrégation, et c'est sous ce nom que tant d'enfants ont vénéré la religieuse et vraiment la Mère, dont les sages conseils, le zèle et l'infatigable dévouement ont si efficacement contribué à leur faire faire une bonne *première communion*.

D'autres vocations s'annonçaient encore, et, en décembre 1852, Mme Sainte-Cécile écrivait à Mgr Angebault que quatre ou cinq jeunes personnes de 15 à 19 ans pensaient sérieusement à embrasser la vie religieuse de l'Oratoire. Ces symptômes semblaient promettre à la Congrégation un heureux avenir. Malheureusement, la santé des maîtresses, celle même de la Supérieure, laissaient fort à désirer.

En février 1854, malgré ses désirs, malgré des fatigues de tête devenues continuelles, elle fut réélue supérieure, mais pour trois ans seulement, au lieu de six. Dans les notes qu'elle écrivait à ce sujet, elle regrette vivement de ne plus pouvoir obéir : « Depuis si longtemps je commande ! s'écrie-t-elle.... que le Bon Dieu me fasse la grâce de ne pas mourir supérieure ! »

A sa retraite de 1855, elle persévère dans les mêmes dispositions. « Je me suis renouvelée, dit-elle, dans le désir d'être de plus en plus une religieuse selon le cœur de Dieu. Cela ne m'empêche pas de sentir un désir véhément de voir, avant de mourir, la maison gouvernée par une autre supérieure. La pensée seule que cela pourrait être me fait éprouver une allégresse intérieure que je suis obligée de modérer et de retenir. » Et en 1856 : « Mon âme attend, espère bientôt sa délivrance ; l'exil me semble un peu long. Je souhaite quelqu'une qui me succède. Lorsque la pensée que la chose pourrait arriver me vient à l'esprit, j'éprouve un tressaillement, un attendrissement dont je ne suis pas maîtresse. Mon Dieu ! mon Dieu ! faites donc que la chose soit ! »

La chère Supérieure ne se doutait pas que Dieu était sur le point d'exaucer ses désirs, mais dans des conditions tout autres et bien plus méritoires qu'elle ne le souhaitait.

En attendant, elle crut devoir profiter d'un de ces dons généreux que la digne sœur Saint-Léon (Mlle Douineau) a fait souvent à l'Oratoire, pour acheter, en 1856, au prix de 10.000 fr., une petite propriété située à la Chalouère et nommée « *la Maisonnette* », qui devait servir de but de promenade aux enfants

et de lieu de repos aux religieuses fatiguées[1].

La Providence parut lui sourire encore en
réalisant les espérances qu'elle fondait sur
plusieurs de ses meilleures élèves. Le 29 janvier 1856, Mlle *Cottereau* prononçait ses
vœux sous le nom de Sœur *Saint-Guillaume*,
et le même jour, en 1857, faisaient profession deux autres novices pleines d'avenir
et dont la Retraite apprécie depuis longtemps les services dévoués et intelligents,
Mlle Louise *Baron*, des Ponts-de-Cé, qui prit
le nom de Sœur *Saint-Bernard*, et Mlle Georgette *Dubourg*, qui devint Sœur *Saint-Arsène*.
Il est vrai, ces consolantes recrues furent
compensées par une défection qui affligea
vivement la digne Mme Sainte-Cécile. Une de
ses filles, Mme Saint-Augustin, dont elle
avait été la bienfaitrice et pour laquelle elle
avait montré une patience et un zèle admirables, quitta l'Oratoire après quatorze ans
de vie religieuse, pour rentrer dans le monde
(28 février 1856). Bien que ce départ ait été

[1] Cette propriété a été vendue par la Retraite en 1867.

autorisé par Mgr Angebault, la charitable Supérieure ne pouvait s'empêcher de craindre pour l'avenir de la pauvre transfuge, et, pour l'assurer autant qu'il dépendait d'elle, elle réussit à la faire entrer, comme grande pensionnaire, dans une communauté religieuse, où elle lui servit une rente viagère.

Cette perte réduisait le nombre déjà insuffisant des religieuses de chœur. Ces pauvres maîtresses étaient surchargées de travail et à bout de force. Un pareil surmenage obligea Mme Sainte-Cécile à reprendre encore le fardeau du supériorat dont elle désirait si ardemment être déchargée (19 mars 1857).

Un coup de la Providence, en mettant le comble aux embarras de la Congrégation, rendit nécessaire une solution que l'on redoutait, mais à laquelle avait dû penser notre Supérieure.

Depuis longtemps Mme Saint-Laurent, son auxiliaire aussi indispensable que dévouée, souffrait d'un squirre qui ne l'empêchait pas de vaquer avec courage à la direction des études et du Noviciat, mais qui

minait lentement ses forces. Vers le commencement de l'année 1857, sa santé s'altéra
rapidement. Réduite à garder la chambre,
elle ne pouvait s'acquitter de ses fonctions,
dont le poids retombait sur la Supérieure ;
mais celle-ci, déjà très fatiguée, se sentait
impuissante à maintenir parmi les élèves
une discipline exacte. Dans des conjonctures
aussi difficiles, Mme Sainte-Cécile se demanda
si elle ne devait pas recourir à quelque Congrégation mieux pourvue que la sienne, à
laquelle elle apporterait le concours encore
précieux de ses plus vaillantes compagnes et
les ressources matérielles dont elle disposait.

Dès l'année 1838 ou 1839, une très
modeste Congrégation lui avait demandé à
s'agréger à sa communauté. M. Régnier ne
jugea pas la chose utile. Mais, peu de temps
avant de quitter le diocèse, prévoyant sans
doute la difficulté qu'on aurait à l'Oratoire
de recruter un personnel suffisant, il proposa, paraît-il, lui-même à Mme Sainte-Cécile
une autre combinaison. En même temps
qu'il était Supérieur de l'Oratoire, il l'était

également des Dames de Chavagnes, établies depuis 1831 dans l'ancien couvent des Capucins appelé *Bellefontaine*[1], qui est aujourd'hui renfermé dans l'enclos de l'Hôtel-Dieu. La maison qu'occupaient ces Dames ne recevait guère, en dehors des enfants de l'école gratuite, que des pensionnaires ; en s'annexant à leur Congrégation, l'Oratoire en eût été l'Externat. L'affaire allait se conclure quand la nomination de M. Régnier à l'évêché d'Angoulême fit échouer ce projet. La fondation de l'Externat de Bellefontaine était, de ce chef, ajournée à quarante ans de distance.

Mais l'Oratoire en était-il plus assuré de garder son autonomie ?

« En 1848, écrit Mme Sainte-Cécile, une Congrégation plus nombreuse et plus ancienne (que celle qui s'était proposée en 1838) vint encore s'offrir corps et biens, mais avec la condition que, pour les statuts, nous devien-

---

[1] C'est de cette première résidence que le Pensionnat et l'Externat des Dames de Chavagnes à Angers ont tiré le nom sous lequel elles sont encore connues.

drions plutôt sienne qu'elle ne deviendrait nôtre. » De quelle famille religieuse veut-on parler ici ? il serait curieux de le savoir. Peut-être les Dames de Chavagnes essayèrent-elles de reprendre les négociations interrompues au départ de M. Régnier. Quoi qu'il en soit, Mgr Angebault refusa d'approuver cette combinaison, alléguant qu'une œuvre du genre dont il s'agissait doit être homogène, faute de quoi, ajoutait Sa Grandeur, il devient très difficile de distribuer les sujets et de maintenir entre toutes les maisons l'unité nécessaire.

Il est également certain que, vers l'année 1855, les Religieuses du Sacré-Cœur cherchèrent à s'implanter à Angers et sondèrent à cette intention les Dames de l'Oratoire. Une d'entre elles, Mme Virginie de Quatrebarbes, sœur du comte Théodore, s'aboucha, dans ce but, avec Mme Sainte-Cécile. Mais Mgr Angebault, qui portait un vif intérêt aux Dames de la Retraite, dont il était Supérieur général, craignit de nuire à cette Congrégation, s'il laissait établir à Angers la succursale d'un Institut aussi important que celui du Sacré-Cœur.

Toutes ces négociations montrent que l'avenir de l'Oratoire était très problématique, et la maladie de la Révérende Mère Assistante, jointe à l'état de santé des autres religieuses, en compromettait plus que jamais la prospérité. Sous l'influence de ces pénibles circonstances, Mme Sainte-Cécile songea elle-même à s'agréger à une congrégation capable de prendre en main son œuvre et de la sauver. Celle des Religieuses de la Retraite répondait mieux que toute autre à ses désirs. Détachée de la maison de Quimper, en 1820, cette congrégation, d'abord établie à Redon, avait, sur la demande de Mgr Montault, envoyé à Angers, dès 1826, une colonie qui se fixa dans l'ancienne maison de campagne du Grand-Séminaire, appelée la « *Maison-Rouge* ». En 1836, à la suite de diverses négociations avec l'Évêché de Rennes, le siège de la maison-mère fut transféré à Angers. Cet événement favorisa la création des Retraites de Saumur (1844), de Thouars

(1849), et de Cholet (1852). A l'époque où nous sommes arrivés, la direction de toute la Congrégation était aux mains de la Révérende Mère Sainte-Marie, religieuse accomplie, femme de tête, d'ordre et de tact, qui avait la confiance de toutes ses filles. D'ailleurs, l'esprit profondément religieux, l'union cordiale et la noble simplicité des Dames de la Retraite, dont un bon nombre se recrutaient dans la meilleure société, étaient faites pour plaire à Mme Sainte-Cécile, qui entretenait avec la Supérieure d'amicales relations. Enfin, l'aumônier de la Retraite, le pieux abbé Tendron, était déjà confesseur extraordinaire des Religieuses de l'Oratoire. Tout cet ensemble de circonstances fixa l'attention et le choix de notre vertueuse Mère, qui en écrivit à Mgr Angebault, le 29 juin 1857. Laissons-la parler elle-même :

« ... Mgr Angebault, écrit-elle, était alors à Cambrai, près de Mgr Régnier [1] ; je cédai au besoin de lui adresser une lettre qui serait commune à l'un et à l'autre. J'exprimais

[1] Nommé archevêque de Cambrai en 1850.

mes appréhensions de me voir reduite à porter
seule la responsabilité de la maison : 1° pour la
direction des Religieuses ; 2° pour le temporel ;
3° pour la marche du Pensionnat et les rapports avec les parents. Cétte tâche, disais-je,
me paraît vraiment au-dessus de mes forces
morales et physiques. Je suis mieux, mais
je souffre continuellement. Par moments, je
me sens usée ; il y a quelque chose en moi
qui réclame assistance, secours... Que de fois
depuis un an il m'est venu dans la pensée de
fondre notre maison, notre œuvre, tout
nous-mêmes avec la Congrégation de la
Retraite ! Vous connaissez la position de ces
Dames ; serait-ce un moyen de consolider
leur œuvre et la nôtre? Ont-elles assez de
sujets, de sujets capables pour soutenir leur
œuvre et la nôtre? Je ne sais pas tout
cela. Si mes Religieuses savaient que je vous
parle ainsi, que diraient-elles ? Que dirait
notre aumônier, *que je regarde presque
comme notre fondateur ?* Mais il ne sera pas
toujours là, ni moi non plus. Il y a vingt-
huit ans que j'ai dit au Bon Dieu que je

voulais tout donner pour les intérêts de sa gloire et de la manière la plus sûre pour atteindre ce but. Je renouvelle cette volonté à vos pieds, Monseigneur, et aux pieds de Mgr l'Archevêque. Disposez de tout pour le plus grand bien de l'Église. Disposez de ma personne comme il vous plaira. Je ferai ce que vous voudrez, j'irai où vous m'enverrez. Par rapport à ma personne, ne voyez que le plus grand bien, et prononcez librement. Je sens très bien que je ne puis disposer de la même manière de la volonté de toutes nos Religieuses; aussi, je ne parle qu'en mon nom. »

Mgr Angebault répondit, le 5 juillet, à Mme Sainte-Cécile. Il comprenait parfaitement toutes les raisons que faisait valoir la vénérée Supérieure.

« Mais, ajoutait-il avec beaucoup de sagesse, il ne faut pas se le dissimuler, une agrégation présente d'immenses difficultés et du côté de celles qui réservent et du côté de celles qui sont reçues; il faut souvent sacrifier et les choses et les personnes ; puis, après un grand effort que la foi inspire, la nature peut reprendre son empire, et des difficultés prévues ou imprévues viennent compliquer les positions. S'il n'y avait à peser dans la balance que vos dispositions personnelles, je sais tout ce que votre courage peut vous inspirer de dévouement : mais il faut que l'œil embrasse tout l'horizon, et là-bas je crains d'apercevoir des montagnes. Toutefois si, pour sauver la vie de l'œuvre, qui est nécessaire, indispensable pour la conservation de nos chères enfants du centre de la ville, si, dis-je, pour son salut, il est indispensable de prendre une grande et énergique résolution, le Bon Dieu donnera, je l'espère, je le demande, la force nécessaire.

« Voilà sur quoi j'ai prié le bon et sage archevêque de prononcer ; vous avez, et j'ai en lui, toute confiance : ce qu'il dira sera pour nous la voix de Dieu.

« J'écris à notre chère malade (Mme Saint-Laurent). S'il y avait possibilité, sans imprudence, de savoir sa pensée à elle-même...? J'ai en elle grande confiance aussi... A ce moment, il y a une lumière du ciel qui éclaire bien sur les choses de la vie.

« Vous voyez que je laisse courir ma plume. Je veux surtout qu'elle vous dise que je ne vous laisserai point orphelines : c'était le mot du Sauveur à ses disciples affligés.

« Je vous bénis donc, chère Fille, vous et votre troupeau... etc. »

M^mc Sainte-Cécile reçut cette lettre le jour même où Mme Saint-Laurent rendait le dernier soupir (6 juillet 1857). Comme il arrive souvent aux âmes pieuses qui redoutent la mort, cette excellente Religieuse s'éteignit dans les sentiments d'une paix et d'une résignation dont elle était elle-même surprise [1]. Consultée à ses derniers moments, comme le désirait Mgr Angebault, la vénérable Assistante ne put dire à celle qu'elle avait si bien secondée, que ces simples paroles : « C'est votre pensée ; mais les autres la partageront-elles ? » Cette réponse laissait la pauvre Supérieure bien perplexe. Le jour même de la sépulture, elle se rendit chez M. Mocher, auquel elle n'avait encore rien dit de son projet et qu'elle craignait d'affliger. Contre son attente, elle eut à peine exprimé ses

---

[1] Le corps de la Révérende Mère Saint-Laurent repose à l'ombre d'une simple croix de bois, avec ceux de deux Sœurs converses de la Retraite, non loin de la tombe de M. l'abbé Mocher (cimetière de l'Est). Le terrain fut acheté par la Révérende Mère Saint-Léonce.

inquiétudes pour l'avenir de l'Oratoire, que le sage aumônier lui proposa tout le premier de s'agréger à une autre congrégation : c'était selon lui le seul remède aux difficultés présentes. Consolée par cette ouverture, Mme Sainte-Cécile fit connaître à M. Mocher la lettre qu'elle avait écrite à Mgr Angebault et la réponse qu'elle en avait reçue. M. Mocher dit qu'il allait prier Dieu à ce sujet.

De son côté Mme Sainte-Cécile s'ouvrit de l'affaire aux plus anciennes religieuses. Peu après (10 juillet) elle recevait de Mgr de Cambrai une lettre qui l'encouragea fortement à mettre son plan à exécution. Nous croyons devoir citer encore textuellement ces lignes, où se révèlent si bien la prudence et l'esprit pratique de l'éminent archevêque.

« MA CHÈRE FILLE,

« Je prends part à toutes les tristesses, comme à toutes les joies, que vous envoie la divine Providence. La perte que vous venez de faire de votre bonne Mère Assistante est pour vous et pour votre maison une bien pénible épreuve. Je conçois combien vos regrets sont profonds et quelles sont vos sollicitudes pour l'avenir de votre œuvre. N'oubliez pas, dans ces douloureuses circonstances, que tout ce qui arrive à ceux qui aiment Dieu tourne à leur bien. Courage donc et confiance, ma chère Fille !

« J'approuve entièrement votre projet de réunion à la Congrégation de la Retraite. C'est là incontestablement une bonne et salutaire pensée. L'exécution sera-t-elle possible? Je ne sais que vous en dire. Si votre abnégation personnelle suffisait, cette grave affaire irait toute seule ; mais il faut le concours de bien des volontés. Heureusement vous aurez, pour vous guider et pour vous aplanir les voies, la prudence et le dévouement éclairé de votre bon et vénérable évêque. — La première chose à faire, c'est de vous assurer que la Retraite est en mesure d'accepter vos propositions, et qu'elle est disposée à vous accueillir avec votre famille religieuse. Il faut que ces préliminaires soient traités avec une profonde discrétion et entre un bien petit nombre de personnes. Autrement, l'émoi s'emparerait de votre Communauté et compliquerait inévitablement les négociations.

« De votre côté, vous devez connaître assez vos sujets pour prévoir comment la réunion serait vue par la grande majorité.

S'il devait y avoir une trop forte opposition, il ne faudrait pas faire une tentative qui n'aboutirait probablement qu'à troubler les esprits et à jeter le découragement dans les cœurs.

« Ainsi donc,

« Le projet, en soi, est très bon ;

« Il sauverait votre Œuvre, qu'il faut tâcher de conserver à tout prix, et à la continuation de laquelle vos forces et celles de vos sœurs ne suffiraient que bien difficilement désormais.

« Mais ce projet, la Retraite l'adopte-t-elle ?

« Est-il probable qu'on le fera goûter à la grande majorité de vos sœurs ? A vous de résoudre ces questions. Dans le cas de l'affirmative, il ne s'agirait plus que de préparer prudemment et doucement la transition.

« Je vous bénis, ma chère Fille, et vous assure de nouveau de mes sentiments tous dévoués en N. S. J.-C.

« † R. F., archev. de Cambrai. »

Mgr Angebault connaissait le fond de la pensée de son vénéré collègue, mais il l'avait prié d'écrire lui-même à Mme Sainte-Cécile. Quand il eut communication de cette lettre, il vint à l'Oratoire. La Supérieure, après avoir reçu Sa Grandeur, réunit toutes les Religieuses de chœur, et leur fit part enfin du projet qu'elle mûrissait, les invitant à dire avec confiance à Monseigneur ce qu'elles en pensaient. On comprend la surprise et l'émotion des sœurs, surtout des plus jeunes. L'attachement profond qu'elles avaient voué à l'Œuvre et le zèle que leur inspirait leur âge les rendaient pleines d'espoir dans l'avenir. Toutefois, après réflexion, la plupart parurent assez favorables au projet pour que Monseigneur se chargeât de faire à la Retraite les premières démarches. Elles furent bien accueillies. Là-dessus on rédigea la demande officielle d'agrégation dont nous donnons le texte, et que signèrent toutes les Religieuses de chœur :

DEMANDE D'AGRÉGATION FAITE AUX DAMES RELIGIEUSES DE LA CONGRÉGATION DE SAINTE-MARIE, PAR LES DAMES RELIGIEUSES DE L'ORATOIRE.

« Dans la position actuelle où nous a placées la divine Providence, et dans le désir bien vrai de soutenir une œuvre commencée pour la plus grande gloire de Dieu et le salut des âmes, nous avons imploré longuement les lumières de l'Esprit-Saint, et nous avons pris conseil de Nosseigneurs les évêques d'Angers et de Cambrai.

« Par la prière nous avons obtenu du Bon Dieu courage, résignation ; par les conseils nous avons été soutenues et éclairées sur la marche que nous devions suivre.

« Après ce court exposé, nous nous adressons en toute confiance à la Congrégation des Dames de Sainte-Marie (dite de la Retraite) pour lui demander une agrégation.

« Nous nous permettons encore de demander à ces Dames :

« 1° Si, dès actuellement, elles sont en mesure, avec notre secours, de fournir le nombre suffisant de sujets pour faire marcher leur maison et la nôtre, sur le pied où celle-ci se trouve aujourd'hui ;

« 2° Si, pour le temporel, elles veulent bien se prêter à donner quelques détails pour que, respectivement, nous puissions nous entendre et régler les choses dans le plus grand intérêt des deux établissements ?...

« Si, comme nous l'espérons, la fusion peut avoir lieu, nous protestons de notre reconnaissance, de notre obéissance, de notre dévouement, pour continuer à travailler de tout notre pouvoir aux intérêts de la gloire de Dieu et au salut des âmes.

« A notre maison de l'Oratoire, le vingt-neuf juillet mil huit cent cinquante-sept.

Sœur SAINTE-ADELAÏDE (Pilatte) ;
Sœur SAINT-PHILIPPE DE NÉRI (Mesnard) ;
Sœur SAINT-LÉON (Douineau) ;
Sœur SAINT-LOUIS DE GONZAGUE (Mortier) ;
Sœur SAINT-PAUL (Gentil) ;
Sœur SAINT-ARSÈNE (Dubourg) ;
Sœur SAINT-BERNARD (Baron) ;
Sœur SAINT-GUILLAUME (Cottereau) ;

Sœur SAINTE-CÉCILE (P. de la Chauvellière),
Supérieure.

Le 4 août, après avoir de nouveau examiné l'affaire, le Conseil d'administration de la Retraite émit un avis favorable, et trois jours après la Révérende Mère Sainte-Marie, Supérieure générale de la Congrégation, écrivait à Mme Sainte-Cécile :

« *La Retraite, le 7 août 1857.*

« MA BIEN BONNE MÈRE,

« Il m'a été pénible de garder si longtemps le silence avec vous, dans un moment où je sentais si bien le besoin que vous aviez de recevoir un petit mot de ma part. L'affaire si grave qui nous occupait demandait des réflexions sérieuses et une adhésion de la part du Conseil, avant que je puisse vous dire combien j'ai été touchée de l'affectueuse confiance que vous me témoignez. J'aime à penser que Monseigneur vous aura fait connaître ce matin la décision qui a été prise, et que ce vénéré Père a paru heureux de vous transmettre.

« Maintenant, ma bien bonne Mère, je sens, moi aussi, le besoin de vous voir. Si demain, dans la matinée, vous aviez un moment disponible, je vous recevrais avec bonheur. Cette première entrevue ne pourra paraître extraordinaire à personne. Venez donc, et comptez sur l'affection bien sincère et le dévouement de votre sœur en N. S.

« Mère SAINTE-MARIE,
        « Supérieure générale. »

Le même jour, Mgr Angebault avait vu, à l'Oratoire, les Sœurs converses qui ne savaient encore rien de certain, et qui ne firent pas difficulté d'accepter la réunion de leur Communauté à la Retraite.

C'est dans ces conditions, sans plus d'hésitation et sans nouvelles formalités, que fut décidée l'agrégation. Quant aux questions d'intérêt temporel soulevées par Mme Sainte-Cécile, elles ne durent pas, pour le moment du moins, provoquer de sérieuses difficultés. La bonne foi des parties et la prudence de Monseigneur, Supérieur des deux congrégations, aplanirent tous les obstacles.

Il ne s'agissait plus que de faire agréer des familles intéressées la solution de cette importante affaire, et de prévenir les faux bruits et les interprétations fâcheuses qu'on pouvait donner aux événements. Dans ce but, Monseigneur rédigea lui-même la circulaire qu'on va lire et qui, datée du jour même de la distribution des prix (17 août), fut adressée peu après aux parents de toutes les élèves :

« *L'Oratoire d'Angers, 17 août 1857.*

« M***

« Nous avons toujours tâché de répondre à la confiance que les familles ont bien voulu nous accorder et nous nous sentons encore un désir bien vrai de la mériter de plus en plus ; mais notre zèle ne peut pas suppléer à nos forces, et des pertes successives, la mort surtout de notre digne assistante, dont le bon Dieu a voulu récompenser les travaux, ne nous permettent plus de diriger seules un pensionnat qui devient de plus en plus nombreux.

« Dans de telles circonstances, après y avoir mûrement réfléchi, nous avons demandé à notre vénéré Supérieur à nous agréger à une autre congrégation, et nous avons dirigé nos vues vers celle de la Retraite, dite Société de Marie. Notre demande a été accueillie par la maison de la Retraite ; ainsi, l'œuvre qui nous est si chère va être continuée, consolidée, et offrira plus que jamais aux familles, toutes garanties pour l'instruction, l'éducation, la sollicitude et les soins dus à leurs enfants.

« Rien donc ne sera changé, ni dans la direction de la maison, ni dans la confiance des parents, nous osons l'espérer.

« On continuera à recevoir des pensionnaires et des demi-pensionnaires. La rentrée aura lieu le mardi 13 octobre, comme nous l'avons annoncé, et la retraite annuelle pour les grandes élèves sorties du pensionnat leur sera offerte comme à l'ordinaire. Elles seront prévenues de l'époque en temps convenable.

« Nous devions, M***, cette communication à la confiance dont vous nous avez honorée, et nous n'aurions pas voulu que le bruit public, avec les inquiétudes qu'il traîne ordinairement après lui, vînt vous apprendre notre détermination. Nous l'avons prise, nous le répétons, dans l'intérêt de l'œuvre, des enfants et des familles. Nous aimons à penser que vous partagerez nos convictions et nos espérances.

« Veuillez agréer, M***, l'assurance des

sentiments avec lesquels nous avons l'honneur d'être,

« Votre très humble servante,

« Sœur SAINTE-CÉCILE (P. de la Chauvellière),
« Supérieure ».

Ces mesures prises, restait à consommer la réunion. Quatre sœurs converses furent employées à la confection des nouveaux costumes, et tout fut bientôt prêt pour la cérémonie où l'on devait les revêtir.

La fête eut lieu le 23 août. Elle fut aussi belle qu'émouvante; Mgr Angebault la présidait, assisté par M. Tendron, aumônier de la Retraite et confesseur extraordinaire de l'Oratoire, dont les conseils avaient autrefois décidé de la vocation de Mme Sainte-Cécile, et par M. Mocher, qui partageait avec elle l'honneur d'avoir fondé l'Oratoire, et allait continuer à cette maison les services si appréciés qu'il y avait toujours rendus. Quant aux Oratoriennes, à la joie d'entrer dans cette fervente et prospère Congrégation de la Retraite, dont le concours intelligent et fécond allait sauver leur œuvre, se mêlait le regret de perdre leur autonomie, leurs traditions, et, dans une certaine mesure, l'esprit propre de leur Institut. Du moins, leur fit-on à la Retraite l'accueil le plus cordial. Un banquet fraternel leur fut offert, et la poésie célébra, en quelques couplets heureux, la réunion enfin réalisée.

La fête terminée, Mme Sainte-Cécile retourna pour quelques jours à l'Oratoire avec tout l'ancien personnel. Alors commencèrent les épreuves inévitables que lui avait annoncées Mgr Angebault.

A peine le public eut-il connaissance de l'agrégation, que cette bonne Mère fut assaillie de visites, où sa famille, ses nombreux amis, ses anciennes élèves et les parents des nouvelles, vinrent à l'envi lui exprimer leurs regrets, leurs condoléances et leurs inquiétudes. Ce fut pour le courage de la vertueuse Supérieure un pénible assaut, dont elle fut sauvée par la retraite de huit jours qu'elle commença le 16 septembre, à la Maison-Mère, avec toutes ses Religieuses.

La retraite terminée, on organisa le nouveau personnel de l'Oratoire. Il était difficile de continuer à Mme Sainte-Cécile la direction de la maison, sa santé s'y opposait ; tout au plus pouvait-on lui donner une Assistante qui pût la suppléer presque en tout. Mais cette situation fort délicate, où avait pu réussir Mme Saint-Laurent, qui était pour elle moins une fille qu'une sœur et une amie, devenait impossible pour toute autre. Puis il importait de communiquer aux Religieuses de l'Oratoire l'esprit et les usages de la congrégation où elles entraient, ce que pouvait seule faire une Religieuse de la Retraite. D'ailleurs, Mme Sainte-Cécile elle-même jugeait excellent le choix que l'on avait fait de Mère Sainte-Émilie (Mlle Gripat).

Avec la nouvelle Supérieure, six Religieuses de chœur et huit sœurs converses retournèrent à leur ancien couvent. Plusieurs, dont les noms étaient déjà portés par quelques religieuses de la Retraite, reçurent, pour les distinguer, le prénom de *Marie*, ou furent désignées sous un nom nouveau. C'est ainsi qu'à l'Oratoire, sœur Sainte-Adelaïde (Mlle Pilatte) devint Mère *Saint-Benoît*; sœur Saint-Léon (Mlle Douineau), Mère *Saint-Léonce*; sœur Saint-Paul (Mlle Gentil), Mère *Marie-Saint-Paul*; sœur Saint-Louis de Gonzague (Mlle Mortier), Mère *Saint-Louis*; sœur Saint-Guillaume (Mlle Cottereau), Mère *Marie-Saint-Guillaume*; sœur *Saint-Philippe-de-Néri* (Mlle Mesnard), put garder son nom.

A la maison-mère restaient donc trois religieuses de chœur : notre héroïne, qui porta dès lors le nom de Mère *Marie-Sainte-Cécile*, mais qui, pour le public, continua de s'appeler simplement Mère Sainte-Cécile, et ses deux dernières filles, dans le monde Mlles Baron et Dubourg, qui devaient achever leur noviciat, et qui, sous le nom de Mère *Marie-Saint-Bernard* et de Mère *Marie-Saint-Arsène*, allaient rendre à la Congrégation de la Retraite et rendront encore longtemps, il faut l'espérer, les services les plus appréciés.

Leur société fut pour leur ancienne Supérieure une consolation bien utile dans les peines qui lui étaient réservées.

Pour le moment, du moins, Mère Sainte-Cécile ne ressentait de son sacrifice que le contentement intérieur d'une âme qui a tout donné à Dieu et s'est livrée sans réserve à sa paternelle Providence. En 1868, après les épreuves que nous aurons à décrire, repassant en son esprit les pénibles circonstances où elle s'était si généreusement donnée à la Retraite, elle écrivait ces lignes touchantes, qui peuvent servir d'épilogue à cette première partie de sa vie :

« Si j'ai eu à souffrir de fortes secousses, jamais, du moins, je n'ai eu un moment de regret. Aujourd'hui le calme est revenu ; je veux en profiter pour dire à ma nouvelle Congrégation, tant en mon nom qu'en celui des Religieuses venues de l'Oratoire, combien l'accueil cordial et fraternel que nous avons reçu a inspiré à nos cœurs de sincères sympathies, que nous saurons prouver toujours, je l'espère, par notre continuel dévouement. L'œuvre de l'Oratoire ne cessera jamais d'être l'œuvre de Dieu, mais elle ne sera plus une œuvre isolée.

« Je veux aussi, comme testament de mon cœur, dire à toutes celles qui ont été mes filles combien je suis reconnaissante de toutes les marques d'attachement qu'elles m'ont toujours données pendant que je les ai eues sous ma conduite, ainsi que des consolations spirituelles que j'ai éprouvées dans la direction que j'ai été appelée à leur donner. Dieu, qui avait voulu notre première réunion, voulait aussi notre seconde ; car pas une n'a fait défaut. Puissent leurs vertus devenir chaque jour plus fortes et plus solides !

« Pour moi, Seigneur, j'ai cru vous donner une première fois mes biens, mon corps, mon esprit et mon cœur ; j'ai cru vous les donner une seconde fois en venant ici.

« Maintenant je vous demande la grâce de savoir me servir de vous sur cette terre pour aller à vous dans l'éternité[1] ! »

---

[1] « C'est par ces dernières lignes que se termine le manuscrit de Mère Sainte-Cécile. » (Mère Sainte-Bertile).

CHAPITRE XI

Mère M. Sainte-Cécile à la Maison-Mère. — Ses épreuves intérieures

Malgré les émotions inévitables causées par le sacrifice de son cher Oratoire, notre digne Mère avait courageusement supporté cette épreuve, soutenue, disait-elle elle-même, par une grâce particulière de Dieu. D'ailleurs plusieurs circonstances en avaient adouci l'amertume. C'était l'affectueuse bienveillance de la Supérieure générale, la vertueuse Mère Sainte-Marie, qui l'avait accueillie comme une sœur ; c'était la sympathie respectueuse que lui témoignaient ces Dames de la Retraite et la cordialité avec laquelle elles fraternisaient avec leurs nouvelles compagnes. D'ailleurs, si la direction de l'Oratoire lui échappait, c'était pour passer en des mains sages et expérimentées, capables de soutenir et de sauver son œuvre.

Enfin, ne soupirait-elle pas depuis longtemps après le repos dont elle pouvait jouir au sein de sa nouvelle famille religieuse ?

Mais, sans qu'elle l'eût prévu, mille ennuis, mille occasions de chagrin l'attendaient dans la condition qui lui était faite. C'était le repos même auquel elle se trouvait condamnée et qui allait bientôt peser sur elle de tout le poids de sa monotonie; c'était la séparation de ses chères filles ; c'était la peine si sensible aux âmes délicates, même les plus vertueuses, de se croire incomprises ; c'était enfin le règlement des comptes de l'Oratoire, où des surprises douloureuses lui attirèrent de la part de ses supérieurs des observations légitimes, mais humiliantes pour elle.

Oui, l'inaction à laquelle la réduisait sa mauvaise santé la tuait. Faute d'occupation déterminée et absorbante, elle retombait sans cesse sur elle-même, avec d'autant plus d'accablement qu'elle était depuis plus longtemps habituée à une vie active et à l'exercice de l'autorité. En cet état, elle deve-

nait à charge aux autres comme à elle-même.
Pour se pénétrer de l'esprit de sa nouvelle
Congrégation, elle voulait tout voir et se
rendre compte de tout. « Parlez-moi, disait-
elle à une Religieuse qu'on lui avait donnée
pour compagne, parlez-moi de notre Société,
de son passé, de sa situation présente, des
maisons de Redon et de Saumur; si mes
questions vous paraissent indiscrètes, n'y
répondez pas, je ne le trouverai pas mau-
vais. » C'était donc le désir du bien qui pro-
voquait cette curiosité; mais sa nature
ardente l'emportait parfois, à son insu, au
delà des bornes de la discrétion.

Avide d'occupation, elle eût été heureuse
de remplir quelque emploi; on lui confia, en
effet, en second, diverses fonctions; mais
cette tentative ne réussit pas. Alors, pour se
rendre aussi utile que le permettait sa mauvaise santé, elle allait tenir compagnie aux
malades, pour lesquels elle avait toujours
ressenti une touchante prédilection; ou bien,
retirée dans la solitude de sa cellule, elle
filait ou raccommodait le gros linge; mais là,

elle se retrouvait avec ses pensées, ses regrets du passé et la crainte de voir prolonger son épreuve. Que de fois, au milieu de ces occupations monotones et insipides, son esprit se reportait vers son Oratoire, d'autant plus naturellement que, par suite d'une crainte peut-être exagérée, on refusait de l'y laisser retourner[1]. Cette chère maison où elle avait mis toute sa fortune et où elle avait espéré mourir, cette pieuse chapelle qu'elle avait bâtie, ne devait-elle donc plus les revoir ? Cette œuvre dont elle ne s'était chargée qu'à regret et par obéissance, où les guides de son âme avaient reconnu le doigt de Dieu, qui lui avait coûté tant de larmes et de soins, et dont elle ne pouvait détacher son cœur, il lui était interdit de s'en occuper désormais ! Ses filles mêmes, ses chères filles qu'elle avait formées avec tant

[1] On lui permit cependant d'y retourner le 16 juillet 1858, à l'occasion de l'Adoration perpétuelle qu'on y célébrait, et aussi le 29 juillet, pour assister à une messe anniversaire dite à l'intention de la R. Mère Saint-Laurent.

de zèle et de succès, constamment édifiées par ses exemples, et qui lui restaient si profondément attachées, ne lui appartenaient plus et prenaient, en sa présence, un air contraint et embarrassé, comme si elles avaient eu peine à la reconnaître pour leur mère. Son bonheur, en effet, sa plus douce consolation eût été de s'entretenir avec elles, aux jours de congé, de son cher Oratoire. Mais, par une prudence excessive, on avait recommandé aux Oratoriennes, à l'égard de leur ancienne Supérieure, une réserve qui l'affligeait profondément. Un jour, elle ne put s'en taire :

« Qu'elles sont donc singulières ! disait-elle à une compagne. Ne savent-elles pas que je trouverai tout bien, que les changements ne pourront que me faire plaisir ? Ils ont lieu pour le plus grand avantage de la maison, et que veux-je autre chose ? »

Comme on le voit, on semblait suspecter et sa grande humilité et la parfaite pureté de ses intentions. La digne Mère Sainte-Marie partageait, à son endroit, la défiance, et nous pouvons dire l'espèce de crainte qu'elle inspirait auparavant à Mgr Angebault, épreuve bien cruelle pour Mère Sainte-Cécile, comme toutes celles qui viennent des gens de bien.

Accablée sous le poids de ces peines, la vertueuse Mère ne pouvait retenir quelques plaintes qu'elle confiait à des notes intimes ou à ses guides spirituels. « Mon Dieu ! mon Dieu ! écrit-elle au commencement de l'année 1858, ayez pitié de moi ! car d'où en suis-je pour la volonté, l'esprit, le cœur !... Je m'abandonne à votre miséricorde, j'en ai si grand besoin ! J'ai beaucoup souffert ; mais ai-je *bien* souffert ?... Que d'imperfections, de fautes peut-être, dans mes pensées et dans mes paroles ! J'ai déposé votre œuvre : mais je n'avais pas compris qu'il la fallait quitter si absolument. Il y a des crucifiements, des brisements de cœur auxquels on ne peut s'attendre, que je n'avais jamais éprouvés !... Pourtant, mon Dieu ! je ne voulais pas vous offenser ! »

Une lettre admirable du sage et saint

archevêque de Cambrai vint relever son courage et retremper son âme :

« *Cambrai, le 31 janvier 1858.*

« Ma chère Fille,

« Je suis habituellement surchargé d'occupations ; mais les premières semaines de l'année sont pour moi plus laborieuses encore que les autres. Mes affaires diocésaines doivent passer avant tout, et, en conséquence, je ne puis donner à mes meilleurs amis que les courts moments qu'elles laissent à ma disposition. Ce n'est que depuis deux ou trois jours que j'ai commencé à répondre aux lettres qui m'ont été adressées à l'occasion du nouvel an. Votre tour serait venu plus tôt, si je n'avais tenu à vous entretenir un peu plus longuement.

« La peine que vous éprouvez, ma bonne et chère Fille, ne me surprend point. Cette séparation ne pouvait se faire sans déchirement. Votre esprit et votre cœur ne pouvaient manquer de se reporter vivement vers l'Oratoire. Vous étiez, pour ainsi dire, identifiée avec cette maison ; c'est là que s'étaient concentrées, depuis trente ans, toutes vos sollicitudes, toutes vos espérances, toutes vos tristesses, toutes vos joies. Des liens si forts ne pouvaient se briser sans une vive douleur, et votre sacrifice ne devait pas s'accomplir sans amertume et sans larmes.

« Ce sacrifice, du reste, sera certainement pour vous un grand sujet de confiance auprès de Dieu, et il serait à recommencer qu'il le faudrait faire sans hésiter, même après l'expérience de tout ce qu'il vous coûte.

« Courage ! chère Fille, vous avez mis la main à la charrue, ne regardez pas en arrière ! Vous avez offert votre holocauste, n'en retenez rien, n'en reprenez rien pour vous. Dieu condamne ce partage qu'on voudrait faire avec lui.

« Dans la position où vous êtes, vous avez une grande consolation : vous êtes assurée d'avoir fait la volonté de votre Père qui est aux Cieux, et qu'y a-t-il de comparable à cet inestimable avantage ? Vous avez une grande sécurité : vous n'êtes plus dans la main de votre propre conseil ; vous n'êtes plus chargée de la conduite ni des autres ni de vous-même. Le ciel est certainement au terme de cette voie de l'obéissance dans laquelle vous êtes entrée ; suivez-la sans regarder ni à droite ni à gauche.

« Quand vous réfléchissez à la possibilité, à la convenance qu'il y avait qu'on vous laissât à l'Oratoire, vous jugez un peu avec votre cœur, ma pauvre Fille. Ceux qui en ont autrement décidé étaient à l'abri d'influences que vous subissez nécessairement.

Et puis ils avaient grâces d'en haut pour vous mettre où Dieu voulait que vous fussiez. Ils ont agi en cela selon les règles ordinaires de la prudence, et ma conviction est que, tout bien considéré, ils ont pris le parti qui convenait le mieux au succès de l'Œuvre et qui exposait à moins d'inconvénients.

« Ils ont compté sur votre abnégation, ma Fille, ils ne se sont point trompés. J'en trouve la preuve dans la manière même dont vous m'écrivez. Je vous le dis pour votre encouragement. On vous soumet à une épreuve difficile ; mais cette épreuve n'est point au-dessus de l'esprit de foi et de la fermeté de caractère qu'il a plu à Dieu de vous donner, et dont il est trop juste que vous lui fassiez hommage aujourd'hui. Appliquez-vous ces paroles de l'Apôtre : « Toute correction, c'est-à-dire toute peine qui résulte pour nous de la conduite que tiennent à notre égard ceux à qui nous sommes soumis, toute correction ne fait point plaisir dans le moment ; au contraire, elle cause du chagrin. Néanmoins elle fait goûter à ceux qui ont passé par cette épreuve un fruit de justice qui produit une grande paix. C'est pourquoi relevez vos mains abattues de faiblesse et vos genoux qui n'ont pas la force de se soutenir, et marchez d'un pas ferme et droit. »

« Je me rappelle très bien Mère Sainte-Emilie, et j'applaudis, comme vous, à l'excellent choix qu'on a fait en la plaçant à la tête de votre maison..................

... Somme toute, je suis heureux de vous voir revenue enfant de cette grande famille : cette union fait déjà votre force et elle sera certainement votre joie.

« Je vous bénis, ma bonne et chère Fille, et vous souhaite confiance, paix et courage.

« † R. F., archev. de Cambrai. »

Ranimée par ces graves et saintes pensées, la vertueuse Mère se ressaisit elle-même et, dans une retraite privée de trois jours qu'elle fit au mois de février, elle écrivait sous l'impression de la grâce :

« Je tâcherai de contracter la sainte habitude de voir dans l'obéissance toujours le côté divin, c'est-à-dire l'action de Dieu, directe ou permise, dans le conseil ou l'ordre qui seront donnés.

« Je souhaite aussi de m'habituer à très peu considérer la personne qui commande, ses qualités attachantes ou fâcheuses, pour rester libre par le cœur à l'endroit de la Supérieure. »

Mais la blessure ne pouvait se fermer

aussitôt, d'autant moins que les visites assez fréquentes que recevait Mère Sainte-Cécile la ravivaient par le regret qu'on lui exprimait de ne plus la voir à l'Oratoire.

Du moins, malgré les épines et les pierres du chemin, la vertueuse Mère marchait toujours en avant dans la voie douloureuse du sacrifice. Le 6 mai, elle devait prononcer, avec la plupart de ses anciennes filles de l'Oratore, les premiers vœux perpétuels. C'était la consécration définitive de la démarche qu'elle avait faite en s'agrégeant à la Retraite. C'eût été une grande joie pour elle de se retrouver avec toutes ses filles pour faire cette retraite sous la direction de la Révérende Mère Générale. Cette dernière satisfaction lui fut refusée. Ce furent les Supérieures locales qui préparèrent séparément à la cérémonie les Oratoriennes de leur résidence. De là un nouveau brisement de cœur pour leur ancienne mère ; mais, malgré cette nouvelle épreuve et l'absence de toute consolation spirituelle, elle se lia, « pour toujours, sans hésiter »,

à la Congrégation à laquelle elle s'était
donnée.

Quelques jours après, se préparant à
gagner l'indulgence du Jubilé, elle recevait
de M. Mocher, auquel elle avait pu extraor-
dinairement s'adresser, ces avis si pratiques,
bien faits pour la rassurer et la fortifier :

« Vous êtes actuellement privée de toute
espèce de consolations sensibles ; vous êtes
dans un état de crucifiement qui est plus
méritoire que ce que vous avez jamais fait
dans votre vie. Comptez sur Dieu, il ne vous
manquera pas ; cherchez le Dieu des consolations et non les consolations de Dieu.

« Vous n'êtes certainement pas inutile aux
intérêts de la gloire du Bon Dieu, malgré
les apparences de votre vie inutile. Je vous
en conjure, vivez de la foi et de la divine
charité. S'il le faut, restez toute votre vie
placée aux pieds de N. S. J.-C., comme un
enfant aux pieds de son père, avec confiance, abandon, simplicité et sécurité.

« Peu importe de ne pas être compris des
hommes, pourvu que nous le soyons de Dieu ;
il faut ranimer sa foi pour voir, dans les
choses de détail qui arrivent, la volonté de
Dieu manifestée.

« Priez beaucoup par le cœur et sans

effort. Tâchez de contracter l'habitude de converser souvent avec le Bon Dieu.

« Vous êtes dans la voie de Dieu ; soyez tranquille, vous avez la droiture et la simplicité de l'intention. Bénissez le Bon Dieu de tout votre cœur de ce qu'il a bien voulu faire pour vous.

« Dans vos difficultés, dites à Notre Seigneur : « Mon Dieu, il m'arrive telle chose, que demandez-vous de moi ?... »

« Vous pouvez, en simplicité, exposer vos pensées, vos désirs aux supérieurs, en modérant beaucoup les désirs pour rester libre intérieurement ; mais tout cela ne se fera que par la prière. »

Cependant, comme elle s'inquiétait sur la portée du vœu d'obéissance qu'elle avait récemment prononcé à perpétuité, M. Mocher lui répondit que « cette obéissance ne portait que sur deux choses :

« 1° Sur ce qui est de règle ;

« 2° Sur un ordre ou une défense de la Supérieure. »

Mais, ajouta le sage directeur, « la *vertu* d'obéissance va plus loin ; elle combat les remarques pénibles, fâcheuses sur la personne de la Supérieure, et surtout elle ne veut pas qu'on les communique. »

Enfin, le 3 juin, Mgr Régnier confirmait ses instructions de sa haute et paternelle autorité :

« Ma chère Fille,

« Je suis heureux que ma dernière lettre vous ai fait quelque bien. S'il plaît à Dieu, je pourrai la commenter de vive voix dans quelques semaines.

« Pour vous, ma Fille, le plus difficile est fait et bien fait. Cependant il faut un peu plus de plénitude dans votre holocauste. Pourquoi votre cœur ferait-il ses petites réserves pour les lieux, quand il a si généreusement et si pleinement sacrifié les choses? Cette maison si laborieusement fondée, et dès lors si chère, c'est là votre Isaac. Il faut l'immoler ; Dieu vous le rendra, s'il le veut. Mais laissez-le vouloir, sans vous en mêler et vous bornant à suivre paisiblement les voies de la Providence. — Je vous avais parfaitement comprise. — L'argent, le commandement, et la position ne sont rien pour vous. Faites en sorte, chère Fille, qu'il y ait même générosité pour le petit coin que vous occuperez dans l'espace et pour la société qui vous entourera. Je ne dis pas :

point de regrets absolument, mais point de
regrets entretenus et consentis Quittez
encore cela et vous aurez le centuple, même
en ce monde.........................
.............................: »

Fortifiée par ces sages conseils, Mère
Sainte-Cécile allait atteindre la fin de cette
première année de séjour à la Retraite,
lorsqu'une nouvelle épreuve vint exercer sa
vertu. Dans les dernières années de son
supériorat, la chère Mère ne pouvait guère
que de sa chambre diriger sa maison et
administrer les intérêts temporels de l'Oratoire. Faute de pouvoir s'y appliquer de plus
près, elle avait laissé, sans y prendre garde,
s'accumuler quelques dettes arriérées qu'elle
n'avait pas présentes à l'esprit au moment
de l'agrégation. Interrogée par Mgr Angebault sur cet important chapitre, elle avait,
de très bonne foi, répondu que l'Oratoire
n'avait guère d'autres dettes que le montant
de quelques mémoires et de fournitures cou-
rantes dont elle donna le chiffre. Mais, au
cours des loisirs que lui laissa une indispo-

sition passagère (août 1858), Monseigneur, ayant pris la peine d'examiner en détail l'état financier de l'Oratoire, découvrit, avec une pénible surprise, que les dettes s'élevaient au chiffre de 25.000 fr. Dans une lettre qu'il écrivit alors à Mère Sainte-Cécile, il lui exprima ses impressions en des termes bien naturels, sans doute, mais qui ne laissèrent pas que de lui être très sensibles. Dans une lettre du 21 août, où elle essaie de se justifier, elle reconnaît que le montant des mémoires est plus élevé qu'elle ne le croyait, mais que la valeur des immeubles cédés à la Retraite, jointe à l'apport de plusieurs Religieuses, dépassait de beaucoup le passif de la maison. Ces immeubles, on s'en souvient, comprenaient, outre les bâtiments, cour et jardins de l'Oratoire, la campagne de *Lorette* et celle de la *Maisonnette,* acquise récemment à la Chalouère.

Cette dernière propriété était plutôt une charge qu'un avantage pour l'Oratoire. Monseigneur dit de la mettre en vente. Quant à Lorette, agrandie à plusieurs reprises de quelques pièces de terre voisines, il décida, malgré les regrets de Mère Sainte-Cécile, de faire vendre les acquêts successifs dont on avait accru cette terre, et réserva seulement le principal, que la donatrice, par respect pour la mémoire de sa mère décédée en ce lieu, n'avait abandonné à la Retraite qu'à la condition, pour celle-ci, de ne jamais s'en dessaisir.

Cette détermination était sage. Sans doute, le compte d'actif et de passif dressé à cette occasion par Mère Sainte-Cécile accusait, à l'actif, un *boni* de 35.000 fr. Mais, il faut l'avouer, à regarder les choses de près, ce chiffre pouvait paraître excessif. De plus on y faisait figurer des dons non encore réalisés, et les dettes présentes n'étaient que trop réelles.

En définitive, sans grever lourdement la Retraite, l'agrégation de l'Oratoire n'apportait pas à la Maison-Mère tous les avantages temporels qu'on était en droit d'espérer. Ce résultat, dont Mère Sainte-Cécile fut certainement la première surprise, l'affligea vivement, et les négociations qui mirent la chose en lumière furent pour elle une croix de plus ajoutée à tant d'autres.

Bientôt, du moins (septembre 1858), la retraite vint la reposer des soucis de cette première année. En lui donnant la paix dont elle avait si grand besoin, ces pieux exercices l'affermirent dans les pensées graves et élevées qui devaient faire désormais l'aliment de son âme et la règle de sa vie. Voici les réflexions qu'ils lui inspirèrent, et où l'on retrouve l'influence du sage M. Mocher, auquel elle s'était encore adressée :

« Embrasser avec joie l'Institut tel qu'il est.

« J'étais religieuse, je suis encore religieuse ; c'est la même vie continuée dans une autre position et perfectionnée pour moi.

« Besoin, nécessité de penser toujours à ma perfection......................

« Dieu ne peut cesser de nous aimer ; plus il permet que notre âme soit placée dans la position de souffrir et de mériter, plus c'est une marque de son amour. Mon Dieu ! c'est donc votre amour qui m'a mise où je suis !...

« Les épreuves, les humiliations, les privations, sont des créatures de Dieu, qui doivent être nos meilleures amies.

« Il faut peu compter sur les créatures pour soulager son cœur. Plus les secours humains nous manquent, plus Dieu nous donnera ....

« Faire toutes mes actions avec paix et douceur. Pour cela, il faut être fidèle à vivre et à mourir sur la croix.

« Mon Dieu, mon doux Sauveur Jésus-Christ, je me cache dans votre divin Cœur pour vous donner tout le mien. Je vous offre ma volonté, et comme sacrifice les angoisses que je souffre en union à celles que vous avez souffertes au jardin des Olives. Je vous supplie de me donner la force, l'énergie nécessaire pour vous être agréable dans cet état......... »

Dieu accepta l'offrande généreuse de la vertueuse Mère, et, pour augmenter ses mérites, lui imposa l'épreuve d'une seconde année d'inaction et de solitude.

« Les Supérieurs, écrit judicieusement Mère Sainte-Bertile, ne pouvaient réaliser le besoin de son cœur de retourner à son cher Oratoire, et, malgré tout le désir qu'ils avaient de soulager cette âme, ils étaient entre les mains de Dieu les instruments de ses souffrances. Nous ne nous en étonnerons pas : car nous savons que d'après l'ordre providentiel, *de tout temps les saints ont fait souffrir les saints,* que les plus parfaits sur la terre subissent le mélange de vertus et d'imperfections, de qualités et de défauts, et qu'au dessus de tout cela la sagesse de Dieu se sert des unes et des autres pour le perfectionnement de ses élus.

« Il faut le dire, la mission de la Révérende Mère Sainte-Marie était délicate près de la bonne Mère M. Sainte-Cécile. Concilier dès le début la marche régulière de l'Oratoire avec les aspirations de la fondatrice était chose difficile. *Dieu permit que ces deux belles âmes ne se comprissent pas.* »

Notre chère Mère continua donc, selon l'expression de son biographe, d'offrir le spectacle douloureux, mais bien édifiant, *d'une victime toujours vivante et toujours immolée.*

A la fin de cette seconde année d'inaction et de souffrance à la Maison-Mère, elle épanchait son âme dans ces lignes désolées :

« Mon Dieu ! j'ai peur de vous !

« J'ai peur de l'état de sacrifice dans lequel vous allez me maintenir, avec toutes ses circonstances. J'ai peur de vous être infidèle !... J'ai peur de manquer de générosité, et souvent je ne distingue pas en quoi ni comment. Mon Dieu ! faites-moi donc voir ce que vous voulez que je voie ! Faites-moi vouloir ce que vous voulez que je veuille... »

Les sages conseils de M. l'abbé Subileau, auquel elle s'adressa dans cette retraite, lui firent reprendre pied dans l'âpre sentier où la conduisait la Providence :

« Obéissance et humilité de l'esprit !

« Se désoccuper de son avenir, le jeter tout

entier dans le sein de la miséricorde du Bon-
Dieu : aimer l'obscurité de cet avenir.

« Dans ma position actuelle, je dois beaucoup m'exercer à courber et incliner humblement la tête pour me laisser conduire et diriger.

« Je me sens dans la disposition de me
tenir dans une attente respectueuse de l'action de la Providence sur moi, sans renoncer
d'avance à telle ou telle position.

« Mon Dieu, faites que je redevienne plus
ferme. Vous connaissez le reste de mon
cœur, je désavoue tout ce qui n'est pas pour
vous et à vous. Il m'a été dit : Il faut se
tenir à la hauteur des sacrifices. Dieu sait
bien à qui il s'adresse ; il doit et donne les
secours nécessaires. »

C'est dans cette alternative de tortures
intérieures et de généreuses réactions que se
consumèrent les deux premières années du
séjour de Mère Sainte-Cécile à la Retraite
d'Angers. Le récit en aura pu paraître monotone à nos lecteurs, et l'on se demandera
peut-être combien devait être à charge à ses

compagnes, comme à elle-même, une Religieuse réduite à un pareil état d'âme. Mais il importe, au contraire, de remarquer que de toutes ces souffrances morales, la vertueuse Mère ne laissait rien transpirer au dehors. Et nous tenons des Religieuses qui l'ont alors connue, qu'elle était extérieurement aussi calme et aussi gaie que si elle avait vécu dans la paix et dans la joie. Cette application à cacher ses peines ne contribua pas peu à en augmenter l'amertume ; mais aussi quelle force d'âme, quelle humilité, quelle foi révèle une telle énergie, et quels mérites ne lui valut-elle pas !

CHAPITRE XII

La Révérende Mère Sainte-Cécile à Cholet. — Continuation de ses épreuves : construction de la chapelle ; dévouement pour Mme Favereau.

Les guides spirituels de Mère Sainte-Cécile lui avaient permis d'exprimer à sa Supérieure ses peines et ses désirs ; et, comme elle savait qu'on ne l'enverrait pas à l'Oratoire, elle demanda elle-même, pour sortir d'une inaction qui la tuait, d'être envoyée dans quelque autre maison de la Retraite, par exemple, à Cholet. Cette faveur lui fut accordée, et, le 23 septembre 1859, elle partit pour sa nouvelle résidence.

Fondée en 1852, la Retraite de Cholet était depuis lors dirigée par la Révérende Mère Sainte-Bertile, la même à qui nous devons l'intéressante biographie dont nous nous sommes si souvent inspiré. Ame délicate autant que vertueuse, cette digne Supérieure sut comprendre les peines de Mère Sainte-Cécile, et lui voua une vénération qui se trahit souvent dans les pages émues qu'elle a consacrées à sa mémoire. Nous ne pouvons donc mieux faire que de suivre désormais pas à pas et de reproduire parfois textuellement les notes d'un témoin si autorisé.

Bien que notre chère Mère eût à vivre avec une Supérieure et des compagnes bien plus jeunes qu'elle, elle se fit toute à toutes et n'eut en vue qu'une seule chose : travailler au bien de l'Œuvre pour la plus grande gloire de Dieu. Une foi ardente marquait toutes ses actions ; sa profonde humilité et une obéissance aveugle la rendaient souple et docile comme une enfant entre les mains de celles qui avaient sur elle quelque autorité. Mais ses épreuves intérieures ne furent pas pour cela entièrement dissipées.

En exprimant le désir d'aller à Cholet, Mère Sainte-Cécile pensait n'y séjourner qu'un an. Mais Dieu avait marqué cette résidence pour être une des stations de cette vie si dignement remplie ; et, contrairement aux vues de sa servante, c'est pendant huit ans qu'il l'y retint pour le bien de la maison et pour l'édification de ses sœurs. D'année en année elle reçut humblement et sans réclamation l'ordre de retourner à un poste qui lui semblait un exil. On l'employa d'abord à la direction de la cuisine et des gros ouvrages de la maison, ainsi qu'au soin des malades. Malgré l'affectueuse déférence dont elle était l'objet et dont elle était très touchée, la pensée qu'elle n'était pas à sa place se présentait souvent à son esprit. « Elle sentait en elle une sorte de dignité blessée ; vestiges de la nature, hélas ! qui, sans nous rendre coupables, nous avertissent que nous sommes bien fragiles, et que le Dieu saint et jaloux a besoin de poursuivre lui-même en nous son œuvre pour la mener à bonne fin. »

Mgr de Cambrai, à qui elle continuait d'ouvrir son âme, lui écrivait en 1860 :

« Peu importe où nous serons et ce que nous ferons. Tout sera bien si nous restons humblement où Dieu nous laisse, et si nous faisons avec simplicité de cœur ce que demande de nous l'obéissance. Il n'est pas nécèssaire, du reste, que nous nous trouvions bien de notre place et de notre emploi ; il y a mérite, au contraire, à sacrifier nos regrets et nos goûts à l'ordre que Dieu nous intime par la voix de nos Supérieurs. Entrez de plus en plus dans cette voie de renoncement à vous-même et de courageuse abnégation ; c'est la voie qui conduit à la paix en ce monde et au bonheur dans l'autre, dans le Ciel. Laissez-vous conduire tout bonnement et tout simplement, ma très chère Fille, c'est là le complément du généreux sacrifice que vous avez fait et dont Notre Seigneur vous garde la récompense. »

Et un peu plus tard (13 octobre 1860), Sa Grandeur revenant sur la même pensée :

« Comprenons bien, ma bonne Fille, ces paroles que nous adressons si souvent à notre Père qui est dans les cieux : « Que votre volonté soit faite ! » Cette volonté adorable nous est manifestée d'une manière certaine, en religion, par les ordres de nos Supérieurs. Acceptons-la courageusement lorsque son accomplissement nous coûte. Que Notre Seigneur soit notre modèle lorsque l'obéissance demande de nous de durs sacrifices. Nous pouvons, comme Lui, demander que le calice qui nôus est présenté s'éloigne ; mais en ajoutant toujours : « Qu'il soit fait cependant, Père, non pas comme je veux, mais comme vous voulez, Vous. » Il n'est point nécessaire de ne point éprouver d'opposition intérieure, de répugnance pour les choses que Dieu exige de nous par l'intermédiaire de nos Supérieurs ; il suffit que, malgré cette opposition, cette répugnance, cette amertume de cœur, nous les voulions parce qu'Il les veut. Jésus-Christ a éprouvé au plus haut degré ces combats intérieurs, et son âme était triste jusqu'à la mort, au moment même où elle consentait à subir le supplice de la croix. Entrons dans cette voie, ma chère Fille. L'Esprit-Saint nous dit que celui qui n'a pas ainsi passé par l'épreuve ne sait rien, et Il veut que nous préparions notre âme à en ressentir l'amertume, lorsque nous nous disposons à entrer au service de Dieu.

« Ce sont là vos dispositions, ma chère Fille, et ce que je vous en dis n'est que pour vous y affermir. Courage ! s'il y a souffrance, et précisément parce qu'il y a souffrance pour vous, il y a mérite. Le combat sera de courte durée et la couronne immortelle. »

M. Bompois, vicaire-général depuis 1850, était encore l'un des secours que la Providence avait ménagés à la bonne Mère Marie Sainte-Cécile dans sa douloureuse épreuve. M⁤ᵍʳ Angebault, qui avait été son Supérieur à l'Oratoire, et l'était à la Retraite, avait reconnu que, dans les circonstances présentes, il n'était pas pour elle une véritable ressource. S'adressant alors à M. Bompois, Sa Grandeur lui avait dit avec sa franchise désintéressée : « Je sens que je ne fais pas de « bien à cette âme ; occupez-vous-en et « tâchez de la soutenir. » La bonne Mère pouvait donc s'adresser à lui en toute sécurité ; ses confidences étaient légitimes : par cet intermédiaire fidèle Dieu lui devait parler sûrement. En cette même année (30 novembre 1860), répondant à l'une de ses lettres :

« Je crois comprendre parfaitement l'état où vous vous trouvez, lui écrivait M. Bompois, et je crois aussi pouvoir vous dire que Dieu ne condamne ni les regrets ni les désirs que vous m'avez plusieurs fois exprimés concernant l'Oratoire. Mais, puisque ce Dieu souverainement sage, dont nous ne comprenons pas toujours les mystérieux desseins dans la conduite des âmes, permet que vos supérieurs ne comprennent pas ce qui se passe dans votre cœur, il en faut conclure, bien chère Mère, que, pour vous sanctifier et vous perfectionner, il veut vous faire passer sous le pressoir des angoisses et des contradictions. Le divin Maître l'a dit : « Il faut entrer au ciel à travers beaucoup de tribulations », et cet oracle se vérifie à peu près régulièrement dans tous les Saints qu'il aime d'une manière spéciale. Elevons-nous donc, chère Mère, au-dessus de nos vues, de nos désirs et de nos affections même les plus légitimes, et disons à Notre-Seigneur que nous sommes prêts à le suivre partout où il nous appellera, même sur le Calvaire, au milieu des ennuis, des tristesses et des déchirements cruels qu'il a éprouvés. « Bonne croix ! s'écriait saint André, dont nous célébrons aujourd'hui la fête, croix de mon Jésus que je chéris avec tant d'affection, que j'ai si longtemps désirée, si assidûment recherchée, bonne croix, reçois-moi, rends-moi à mon Maître, etc. » Vraiment, chère Mère, il semble, à entendre parler Notre-Seigneur et les Saints, que la Croix doive être nos délices et tout notre salut. Embrassons-la donc et portons-la, s'il le faut. Si quelquefois, elle est un peu lourde, J.-C. la portera avec nous.

. . . .

« Malgré toute la résignation que je vous recommande, vous pouvez toutefois, mais seulement vers la fin de l'année, découvrir franchement vos pensées et vos souffrances à Monseigneur et à la Mère Supérieure générale, bien disposée d'avance à accepter tout ce que la Providence vous demandera d'épreuves et de sacrifices.

« Courage ! le Ciel n'est pas loin. J'ai l'intime conviction qu'il sera votre partage, que l'*Oratoire* sera l'un des plus beaux fleurons de votre couronne, et que si vous savez faire le sacrifice de cette maison, qui est une partie de votre vie, Dieu vous donnera l'auréole réservée aux martyrs. »

Cette semence de foi et de haute perfection tombait dans une terre bien préparée, et la volonté de cette âme généreuse l'accueillait avec un profond respect et un désir sincère de lui faire produire des fruits. Progressivement, l'œuvre de Dieu se faisait en elle, et quelques rayons d'une douce lumière éclairaient la voie douloureuse où elle s'avançait. Dès l'année 1861, la bonne Mère pouvait dire : « Mon cœur est moins accablé... J'ai un peu moins peur des épreuves.

Je ne me sens pas délivrée de la Croix ; au contraire, dans l'intime de mon âme, il me semble que je suis confirmée dans le chemin du Calvaire, et que je dois y marcher toujours : mais je sens le désir de m'y maintenir avec soumission, douceur, avec la ferme volonté de me laisser immoler. Je désire supporter mon épreuve sans en calculer la durée. » Et à ces pieux sentiments elle ajoutait ces conclusions pratiques : « Je prends la résolution de ne jamais dire un mot, faire une remarque contre l'autorité, sans m'infliger une pénitence. Pour les égaux et les inférieurs, je continuerai à me dépenser, à céder, à me dévouer le plus possible. — Je ferai tous mes efforts pour faire une prévenance, dire du bien de mon prochain, dans le moment même où j'aurai à son occasion quelque chose à souffrir. » (Retraite de 1861.)

Dans ces luttes intérieures où s'épuraient ses intentions et se fortifiait son courage, la bonne Mère M. Sainte-Cécile continuait à être soutenue par des conseils aussi chers que respectés.

« Heureuse êtes-vous, chère Fille, de n'avoir plus qu'à obéir ! lui écrivait le 27 décembre 1861 Mgr Régnier. Il n'y a pas de voie plus sûre que celle-là pour se rendre à l'éternité. Qu'importent les lieux et les emplois pourvu qu'on soit où Dieu veut et qu'on fasse ce qu'il veut ! Vous avez l'assurance qu'il en est ainsi pour vous, ma Fille : tenez-vous donc en paix et ne demandez point de changement. Il n'y a pas obligation de ne point souffrir où vous êtes ; mais il faut sanctifier par la résignation l'ennui de cette espèce d'exil. Quant au lieu où vous mourrez, ne vous en préoccupez pas. Sainte Monique avait d'abord désiré être enterrée en Afrique ; devenue plus parfaite au moment où elle allait quitter ce monde, elle renonça à ce désir qui avait quelque chose d'humain. La volonté de Dieu toute seule et en tout ! »

C'était bien cette adorable volonté de Dieu que la bonne Mère s'efforçait de voir en toutes choses, malgré les vives réclamations de son esprit. Elle voulait y assujettir les puissances de son âme ; mais les causes secondes se présentaient sans cesse à sa pensée et lui occasionnaient souvent de rudes combats. Elle devait acheter au prix d'une plus longue épreuve le calme de l'esprit, la paix du cœur et cette liberté intérieure qui n'est le partage que des âmes complètement mortes à elles-mêmes et solidement établies dans l'amour de l'humilité.

Aussi, M. Mocher lui écrivait-il le 9 janvier 1862 :

« Vous avez peine à reconnaître la volonté de Dieu dans les dispositions et les décisions de créatures. Je le comprends avec cette dernière expression. Mais en nous rappelant, avec la foi chrétienne, que les créatures n'agissent jamais en dehors des desseins de Dieu par rapport à notre bien spirituel, alors la créature disparaît à nos yeux, et nous ne voyons plus que la main divine qui dirige tout pour le plus grand bien de ceux qui l'aiment et le cherchent uniquement. »

C'est sous l'inspiration de son ancien et si sage Directeur que Mère Sainte-Cécile écrivait pendant la Retraite de cette même année :

« Il faut donner peu d'importance aux souffrances, pourtant si pénibles, de l'esprit. Il ne faut jamais attaquer de front, avec effort, ces impressions-là ; il faut les mépriser et veiller tout doucement, pour les empêcher d'agir sur notre cœur de manière à nous faire produire des actes contraires à l'esprit religieux ou à la charité... De plus en plus tendre à l'union divine, nous approcher de Dieu... Il agit aussi bien sur tout le détail de ce qui nous arrive que sur les grands événements de notre vie. Il ne faut pas distinguer pourquoi il me fait souffrir de telle ou telle manière ; mais il faut tout subordonner à cette pensée : c'est Dieu qui le permet. Je serai où je suis aussi longtemps, mais pas plus longtemps que le Bon Dieu voudra. »

Ce furent peut-être les derniers avis de l'abbé Mocher à sa fille spirituelle. L'année suivante, il n'était plus là pour lui rendre les mêmes services. Le 19 août 1863, il s'éteignait à l'Oratoire dans des circonstances que nous aurons occasion de raconter plus loin. Sa mort fut pour Mère M. Sainte-Cécile, comme pour tous ceux qui l'avaient connu, un sujet de regrets bien vifs, mêlés toutefois des plus consolantes espérances, tant on était persuadé de la perfection de sa vertu.

Avec le temps, les épreuves de notre chère Mère devinrent plus supportables. Néanmoins, à la fin de sa retraite de 1864, elle sentait le besoin de *relever son courage par les résolutions suivantes* :

« 1° De ne faire jamais aucune réflexion défavorable sur le prochain sans un but vraiment utile ;

« 2° De ne parler qu'à mon confesseur et à ma Supérieure des épreuves qui me viennent encore de l'Oratoire ;

« 3° Par respect pour la volonté du Bon Dieu, je me tiendrai dans une attitude humble, soumise dans tous les événements qui m'arriveront, grands ou petits ;

« 4° Je ne verrai dans les supérieurs que les instruments dont Dieu se sert pour nous faire connaître sa volonté. »

Du reste, esclave de son devoir, elle s'employait à ses fonctions d'économe, comme à l'œuvre des retraites, avec une activité que ne paraissaient plus comporter son âge et sa santé, et qui produisit peu à peu une heureuse diversion à ses peines et à ses regrets. Aussi Mgr Régnier pouvait-il lui écrire en date du 7 février 1865 :

« Je vois avec grand plaisir que votre courage s'est raffermi et que le calme s'est fait dans votre âme. Demeurez et fortifiez-vous dans ces religieuses dispositions. Ne désirez plus, ma chère Fille, que la volonté de Dieu se plie à la vôtre ; mais que la vôtre se conforme en tout, partout et toujours à la sienne. A cette condition, il y aura pour vous perfection et bonheur autant qu'on peut les avoir en ce monde. »

Le vénérable prélat ajoutait :

« Je suis très heureux des bénédictions que le Bon Dieu répand sur votre Congrégation et sur le gouvernement de votre nouvelle Supérieure Générale. Suivez en enfant docile la direction de cette bonne Mère, sans chercher à la déterminer ni dans un sens ni dans l'autre. »

Ces derniers mots signalent dans la direction de la Congrégation de la Retraite un changement survenu depuis plus d'un an, mais dont Mère Marie-Sainte-Cécile n'avait pas encore ressenti l'effet. Le 24 novembre 1863 mourait à la Maison-Mère la Révérende Mère Sainte-Marie, Supérieure Générale, laissant à ses filles spirituelles le souvenir d'une femme éminente, dont la seule présence inspirait le respect et l'amour de la règle, et dont l'autorité douce et grave s'imposait sans peine à tous les cœurs. Mais nous avons vu que, soit en raison des circonstances délicates où elle accueillit Mère Marie-Sainte-Cécile, soit faute de bien comprendre ou de bien manier cette âme si sensible et si impressionnable malgré toute sa vertu, elle avait été pour notre chère Mère une cause presque continuelle d'épreuves.

L'esprit large, la franchise d'allure et la bonté de la Révérende Mère Saint-Hilaire, qui lui succéda[1], allaient mieux à sa nature. De son côté, la nouvelle Supérieure se plut à reconnaître les mérites de Mère M. Sainte-Cécile en la nommant Assistante de Mère Sainte-Bertile. Aussi les dernières années

[1] La Révende Mère Saint-Hilaire avait été élue dès le 9 août 1863.

de son séjour à Cholet furent pour elle plus douces et en même temps plus fécondes en œuvres de zèle et de charité.

C'est en effet à cette époque qu'elle eut à s'occuper de deux œuvres bien différentes en apparence, mais que la Providence avait rendues connexes, la construction de la chapelle de la Retraite de Cholet et les soins à donner à une bienfaitrice de cette maison, qu'il n'est plus indiscret de nommer, *Mme Favreau.*

Depuis l'origine, la Retraite de Cholet n'avait eu qu'une chapelle provisoire, à peine suffisante aux besoins de la Communauté et du Pensionnat. Au mois de novembre 1864, on décida de construire un édifice plus digne d'une maison religieuse et assez vaste pour suffire aux exercices des retraites que la Congrégation avait commencé à procurer aux personnes pieuses de la ville et des environs. Pour couvrir les frais, on escomptait l'apport généreux d'une Religieuse, Mère

Saint-Guillaume (Mlle Cesbron-Lavau). De
son côté, Mère M. Sainte-Cécile, empressée
de seconder les vues de sa Supérieure, mit à
profit les nombreuses relations qu'elle devait
à son nom et à ses anciennes fonctions, et
recueillit, par souscriptions, plus qu'elle
n'avait d'abord osé espérer.

Enfin le Bon Dieu, sans doute pour
récompenser son zèle, suscita un don plus
important, qui assura le succès de l'entreprise et permit de commencer sans retard
les travaux.

La pieuse dame que nous avons nommée
plus haut avait fait élever ses deux enfants à
la Retraite de Cholet, pour laquelle elle avait
conservé le souvenir le plus reconnaissant.
La mort lui ayant ravi la plus jeune de ses
filles, Dieu lui demanda un second sacrifice
en appelant à la vie religieuse celle qui lui
restait.

Mme Favreau se soumit généreusement à
cette nouvelle épreuve ; bien plus, n'ayant
plus rien qui la rattachât désormais au

monde, elle offrit à la Retraite de Cholet sa fortune à viage, ne demandant en retour qu'à être reçue à titre de grande pensionnaire dans la maison, et s'offrant de rendre à la Communauté tous les services qu'elle pourrait. Mais déjà la pauvre dame souffrait d'un mal sur la gravité duquel personne autour d'elle ne se faisait illusion : c'était une tumeur cancéreuse. Il s'agissait donc, en reconnaissance du bien que cette digne femme procurait à l'établissement, de lui donner jusqu'à la fin de sa vie les soins minutieux, attentifs et surtout pénibles que réclamait son état. Cette perspective, qui en eût découragé bien d'autres, stimula le zèle et la charité de Mère Marie-Sainte-Cécile, que ses fonctions d'infirmière et son attrait pour les malades prédestinaient à une œuvre si méritoire. Elle s'offrit donc pour être la garde-malade de la pauvre infirme, et, malgré le bonheur qu'elle eût éprouvé à rentrer à la Maison-Mère, elle ne voulut point quitter le poste de dévouement qui lui était échu.

« Nulle d'entre nous, écrit la Révérende

Mère Sainte-Bertile, sa Supérieure, n'a pu se rendre compte de tous les actes d'abnégation et de renoncement que pendant six mois entiers (1864-1865) notre charitable infirmière a pratiqués dans cette cellule, théâtre de tant de douleurs. Un jour, la tumeur de la chère malade s'ouvrit tout-à-coup. La bonne Mère en éprouva une commotion si vive que, malgré tout son courage, elle avoua que tout son être en avait été bouleversé ! Elle fit cependant bonne contenance, pour ne pas affecter la pauvre patiente ; mais pendant deux jours elle ne put prendre presque aucune nourriture. Le médecin, en la considérant pendant les pansements de cette horrible plaie, avait peine à contenir son admiration ; du moins il la témoignait au dehors et déclarait n'avoir jamais rencontré tant d'adresse et de douce charité. Combien plus Dieu et ses Anges ont-ils dû exalter et bénir cette âme forte et courageuse qui, en s'immolant, prenait tant de soin de cacher à tout autre qu'à son divin Époux ce qu'il en coûtait à sa nature ! »

« Mère M. Sainte-Cécile assista de la sorte Mme Favreau jusqu'à son dernier soupir. Ange gardien de cette vertueuse dame, elle se tenait debout près de la couche funèbre, étudiant les moindres mouvements de la pauvre agonisante, humectant ses lèvres desséchées, et lui parlant du ciel avec ce langage de la foi et du cœur qui relève l'espérance et enflamme l'amour. Bonne et chère Mère ! quelle magnifique récompense vous aurez reçue de Celui qui a dit que ce qu'on fait au moindre des siens il le tient pour fait à lui-même. »

Dès ce monde, Dieu voulut reconnaître cette héroïque charité en rendant un peu de calme à cette âme si longtemps éprouvée.

« Pour votre œuvre, Seigneur, écrivait-elle au moment de sa retraite de 1865, je crois avoir fait tout ce que vous avez voulu ; car je ne pense pas avoir mis la moindre résistance à ce que vous m'avez demandé. Pour ma personne, j'ai peut-être trop raisonné avec l'épreuve ; mais, mon Dieu, je ne voyais pas, je ne distinguais pas ce que vous vouliez de moi. Souvent, Seigneur, bien souvent je vous ai dit : Je vous en supplie, faites que je voie ce que vous voulez que je fasse. Maintenant, je suis arrivée à désirer ne plus rien voir, mais à laisser tout voir par mes supérieurs. Vous leur montrerez, mon Seigneur et mon Dieu, tout ce que vous voulez qu'ils voient à mon sujet, et, à partir d'aujourd'hui, je pourrai, par mon aveugle abandon, racheter les luttes trop vives, peut-être, de ma vie, et m'écrier avec confiance à l'instant de ma mort : Ayez pitié de moi, Seigneur : car j'ai fait (quoique bien tard peut-être) ce que j'ai pu, de mon mieux, pour accomplir votre volonté).

« Malgré cela, mon Seigneur et mon Maître, je ne puis avoir la moindre espérance que parce que je l'appuie uniquement sur les mérites que vous m'avez acquis par votre mort. »

De retour à Cholet, Mère M. Sainte-Cécile continua de suivre les travaux de la construction de la chapelle, qui ne fut terminée qu'à l'été suivant. Mgr Angebault vint lui-même la bénir, le 19 juillet 1866, au milieu d'un grand concours de prêtres et d'une société choisie où figuraient les magistrats et les principaux fonctionnaires de la ville. Ce jour-là, la zélée économe put jouir du fruit de ses démarches et de ses continuelles préoccupations. Les fatigues qu'elle avait dû s'imposer lui auraient fait désirer de retourner, non plus à l'Oratoire, elle n'y songeait plus, mais à la Maison-Mère pour y prendre un repos mérité. On ne crut pas devoir lui accorder encore cette satisfaction. Ses services étaient encore trop utiles à Cholet, et l'on espérait qu'avec des ménagements elle pourrait y maintenir sa santé. Cette décision lui fut un peu sensible et sa peine se reflète dans une note intime datée de l'année suivante :

« Toute l'année, écrit-elle, jusqu'au mois de septembre 1867, j'ai eu constamment à porter une croix d'immolation, jour et nuit, je la sentais comme les années précédentes, mais plus fortement encore. J'aspirais après la liberté : j'appelais la liberté intérieure. Seigneur, prenez les moyens que vous voudrez, changez mon cœur ou changez les choses : mais s'il est possible, donnez-moi cette liberté. Cependant, je veux bien porter ce martyre aussi longtemps que vous le voudrez, si cela est meilleur pour votre gloire. »

Mère M. Sainte-Cécile touchait alors à sa soixante-troisième année. La santé était compromise par les fatigues qu'elle s'était données dans l'exercice de ses fonctions et plus encore peut-être par les peines auxquelles nous l'avons vue en proie. Ses Supérieurs ne crurent pas devoir prolonger son épreuve, et, aux vacances de 1867, ils la retinrent comme elle le souhaitait, à la Maison-Mère.

La Retraite de Cholet a toujours conservé vivant le souvenir de la régularité parfaite, du dévouement absolu et de la docilité si édifiante de la pieuse Mère. Cette dernière qualité est celle où elle excellait : un désir de sa Supérieure était pour elle un ordre qu'elle s'empressait d'accomplir. Enfin, nous aurons tout dit sur sa vertu et sur l'esprit religieux qui l'animait, en rapportant le jugement si flatteur qu'en portait l'aumônier, le regretté M. Faucheux : « La Révérende Mère M. Sainte-Cécile était capable de tous les sacrifices ; en ce genre, rien ne m'eût étonné de sa part. »

Le Bon Dieu ne voulut pas attendre l'éternité pour récompenser sa généreuse servante, et lui fit goûter à la fin de cette douloureuse période une paix et une joie intime qu'elle traduit ainsi dans ses notes spirituelles :

« Comme un navigateur, qui a lutté longtemps et avec beaucoup d'efforts contre la tempête, jouit au port d'un délicieux repos, ainsi Seigneur, tout en moi jouit d'un calme, d'une liberté dont j'avais grand besoin. Je vous en remercie, mon Seigneur et mon Dieu ! Je n'oublie pas cependant que les combats ne cessent pas ici-bas.

« Je vous offre, mon Dieu, la fin de ma carrière. Faites-moi marcher sans cesse sous votre regard ; que ma route soit droite, mes pas fermes, ma vue simple en vous et pour vous. Que je ne tienne pas, pour assurer ma marche, aux encouragements de mes Supérieurs. Si j'en reçois quelquefois, je les accepterai avec reconnaissance, comme un secours pour ma faiblesse. Si je suis blâmée, moquée, j'affaiblirai le plus possible le contre-coup pénible que je pourrai en recevoir ; mais je ne m'arrêterai pas pour cela dans ma marche. »

CHAPITRE XIII

Dernières années de la Révérende Mère M. Sainte-Cécile. — Ses humbles emplois à la Retraite d'Angers. — Son dévouement admirable pour les victimes de la guerre. — Perfection de sa vertu. — La dernière épreuve. — Mort édifiante de la Révérende Mère.

De retour à la Retraite d'Angers, la Révérende Mère M. Sainte-Cécile n'en devait plus sortir. C'est là que s'écoulèrent ses dernières années. Peu capable de remplir un ministère important, il ne lui restait plus qu'à rasséréner son âme dans le silence et la prière, et à la sanctifier par l'exercice du plus obscur dévouement. En la détachant ainsi de tout reste d'amour-propre, Dieu voulait achever de la purifier et de lui assurer la récompense d'une vie toute d'épreuves et de vertus.

Notre pieuse Mère trouva, d'ailleurs, pour seconder en elle l'œuvre de la grâce, un

secours puissant dans la direction simple et
franche et dans l'affectueuse bonté de la
Révérende Mère Saint-Hilaire. Non contente
de mettre son âme à l'aise en accueillant
avec bienveillance ses confidences, ses pensées intimes et ses désirs de perfection, la
Révérende Mère Générale lui procura enfin
la satisfaction si légitime de revoir la maison
pour laquelle elle avait épuisé sa fortune et
ses forces, et où ses leçons, comme ses
exemples, avaient formé tant d'âmes à la
vertu. A l'Oratoire, Mère Sainte-Cécile était
accueillie avec la plus charitable délicatesse
par la Révérende Mère Sainte-Claire ; du
reste, elle n'abusa point des permissions
qu'on lui accordait, ni de la sympathie qu'on
lui témoignait. Le regret si vif qu'elle avait
éprouvé précédemment de ne pas reprendre
à l'Oratoire ses anciennes fonctions avait
fait place au besoin du repos qu'elle goûtait
à la Maison-Mère. Elle jouissait seulement
de voir prospérer en si bonnes mains l'œuvre
que la Providence lui avait d'abord confiée,
et, de retour à la Retraite, elle travaillait avec

d'autant plus de zèle à se perfectionner dans le recueillement et l'humilité.

Chaque jour elle demandait à Dieu d'en arriver à aimer l'oubli, l'humiliation et le mépris, pour témoigner à Notre Seigneur un plus grand amour en lui ressemblant davantage. En attendant, elle prend la résolution « de ne jamais parler d'elle de manière à s'attirer un éloge, de voir dans le prochain tout ce que Dieu y a mis de bon et de saint, et de ne pas s'arrêter aux petits ridicules ou aux bizarreries de caractère des personnes avec qui elle se trouve ;

« De ne jamais se permettre, sans une vraie nécessité, de s'écarter de la vie commune.

« Toute ma vie, ajoute-t-elle, j'aurai à combattre mon activité naturelle et la divagation de mon esprit. Pour modifier ces dispositions, j'emploierai comme moyens :

« De ne pas embrasser, par la pensée, plusieurs choses à la fois ;

« D'être tout entière à l'action du moment;

« De me tenir avec simplicité, tranquillité

et soumission de cœur dans ma position, sans convoiter autre chose. La confusion que j'éprouve d'avoir d'autres désirs, sera déjà une pénitence que je pourrai offrir au Bon Dieu..... Je tâcherai de tenir habituellement mon âme sous le regard de Dieu, de rester calme dans mes petits emplois, calme aussi vis-à-vis de telle personne qui me gêne et entrave ma liberté intérieure. »

S'exercer à l'humilité, s'habituer à n'avoir rien d'important à faire, aimer à n'être comptée pour rien, et dans cette obscure condition, sanctifier par les intentions les plus pures les actions les plus vulgaires, contenir l'activité naturelle de son esprit et la borner aux modestes travaux auxquels on voudrait bien l'employer, telle fut donc l'application habituelle de notre vertueuse Mère pendant la dernière période de sa vie.

Sur sa demande, on l'avait chargée de raccommoder le vieux linge, de cultiver un petit jardin et de prendre soin d'une partie de la basse-cour ; elle fut même admise à s'occuper de la bibliothèque de la Communauté. A tous ces menus détails elle attachait beaucoup d'importance et semblait prendre un intérêt qui ne pouvait être inspiré que par la foi. Un jour qu'on la cherchait pour recevoir au parloir une visite importante, on la trouva occupée à charroyer, dans une brouette, des pierres destinées à l'entretien des allées. L'apercevant en cet état et rouge de fatigue, la Révérende Mère économe, son ancienne fille [1], ne put s'empêcher de lui dire : « Ah ! ma Mère, à quoi vous amusez-vous là ? Vous vous épuisez. » — « Croyez-vous donc, reprit gravement la vertueuse Religieuse, que ce soit pour mon plaisir ?... Si je le fais, c'est pour me rendre utile à la maison... »

Ce besoin d'être utile et de se dévouer lui inspirait parfois des désirs où la nature présumait peut-être trop d'elle-même, restes d'amour-propre et d'empressement exagéré qu'excusait sa charité et que dissipait l'obéissance. Croyant sa vie mal occupée dans ces

[1] C'était la Révérende Mère Marie-Saint-Bernard, ancienne élève et religieuse de l'Oratoire.

modestes travaux, elle pensa qu'elle pourrait encore avec succès être employée à l'Économat, et soulager ainsi la Religieuse qui en était chargée. Elle s'en ouvrit en toute simplicité à sa Supérieure ; mais, aussi humble que dévouée, elle accepta, sans ombre de mécontentement ni d'étonnement, qu'on rejetât cette idée.

La Providence lui ménageait, du reste, une magnifique occasion de déployer jusqu'à l'excès toutes les ressources de sa charité.

C'était en 1870. Sur la demande de Mgr Freppel, la Révérende Mère Supérieure Générale de la Retraite s'était empressée d'installer à la Maison-Rouge une ambulance pourvue de tout le matériel nécessaire aux malades que l'on attendait. Entre autres infirmières, elle eut l'heureuse inspiration de choisir la bonne Mère M. Sainte-Cécile, à laquelle fut réservé le soin des blessés.

Le 5 décembre arriva, en pleine nuit, le premier convoi. La Révérende Mère Saint-Hilaire fut la première levée pour recevoir nos malheureux soldats. Ils étaient transis de froid et morts de faim : la charitable Supérieure leur fit d'abord allumer un bon feu, puis servir une nourriture chaude et substantielle. Mais un autre besoin se faisait vivement sentir : leurs blessures n'avaient pas été pansées depuis vingt-quatre heures. Active et vigilante comme la charité, Mère M. Sainte-Cécile accourut au premier appel avec la charpie et les bandages nécessaires. Avec une délicatesse toute maternelle elle se mit à laver, à nettoyer et à bander ces plaies qu'avaient irritées la marche, les secousses et la malpropreté, et ne consentit que vers deux ou trois heures de la nuit à prendre un peu de repos.

Le lendemain, nouveau travail et nouvel exercice de zèle. Il s'agissait de mettre en état les vêtements misérables des pauvres blessés. Ces lambeaux et ces haillons, qui donnaient trop souvent à nos malheureux soldats l'aspect d'une armée de bandits, étaient couverts de vermine et à demi pourris. Mais, sans paraître y prendre garde, la vénérable infirmière recueillit avec ordre ces repoussantes dépouilles, marquant d'un numéro chaque objet de peur qu'un seul ne se perdît, et disposant tout pour qu'on pût rendre ces débris d'uniformes purifiés, rapiécés, remis à neuf.

Mais, s'il faut admirer la première initiative d'un beau dévouement, que dire de la persévérance avec laquelle notre charitable Mère continua d'en donner des preuves? C'est pendant quatre longs mois (jusqu'au 19 mars), qu'on la vit prodiguer à soixante-huit blessés les soins les plus assidus et les plus attentifs. La rigueur de ce triste hiver ne l'arrêtait pas, et chaque soir on la voyait, par la pluie ou le verglas, se rendre courageusement aux différentes salles affectées à l'ambulance, pour s'assurer que rien ne manquerait la nuit à ses chers blessés.

A ces fatigues, que son âge rendait plus pénibles, la santé de la bonne Mère ne put résister. Atteinte elle-même d'une angine, elle dut s'aliter et se résigner à quitter pour quelques jours son poste de dévouement.

Mais, sur ces entrefaites, l'état d'un des blessés vient à empirer. Le médecin juge indispensable une douloureuse opération : il s'agissait d'ouvrir la jambe du pauvre patient pour en faire disparaître toute trace de gangrène. Personne ne se trouvait prêt à assister le docteur dans ce pénible travail. Mère Sainte-Cécile en est avertie : au risque de trouver la mort, elle se lève aussitôt, accourt près du malade et l'aide à supporter l'opération. La plaie ouverte, elle en fait sortir l'humeur fétide qui s'y était accumulée, et ne le quitte qu'après l'avoir pansé, calmé et réconforté.

On ne pouvait contempler sans admiration ces exemples de charité. Cependant, il faut le dire à la gloire de sa forte vertu, Dieu permit que plusieurs personnes, inspirées par une délicatesse tout humaine, prissent occasion des soins qu'elle donnait pour concevoir d'elle une sorte de dégoût et de répulsion. Il leur vint en pensée qu'elle attachait peu de prix à la propreté, et qu'au milieu de cette corruption et de ces plaies,

elle était dans son élément !... Dure épreuve
pour cette âme qui sentait plus vivement
qu'on ne le supposait tout ce qui froissait sa
nature élevée et généreuse : épreuve qui ne
venait pas de la mauvaise volonté des créatures, mais que le bon Maître permettait pour
accroître, purifier la vertu de sa servante et
la mettre à l'abri des surprises de l'amour-
propre.

« Dans ces circonstances pénibles, ajoute
la Révérende Mère Sainte-Bertile, que se
passa-t-il entre Dieu et cette âme ? Nul ne
l'a su, et elle n'en a rien consigné dans ses
notes. Il y a dans l'âme humaine des retraites
mystérieuses où s'accomplissent des prodiges
d'immolation qu'a seul le droit d'apprécier
Celui qui seul aussi en sonde les profondeurs.
Ce que nous avons pu constater, c'est que
jamais un mot qui eût pu tourner à la
louange de la bonne Mère ne s'échappa de
ses lèvres pendant tout le temps de son
ministère auprès des blessés. Sa peine, ses
fatigues, ses pas et ses démarches, tout lui
semblait si naturel qu'elle n'en parlait pas,

et elle n'aurait point accueilli les éloges qu'on aurait voulu lui donner. »

La guerre terminée et les soldats partis, la chère Mère M. Sainte-Cécile rentra dans l'obscurité de sa vie ordinaire. Elle reporta les effusions de sa charité sur les malades de la maison, dont elle se fit l'infatigable gardienne. Malgré ses souffrances habituelles, elle restait de longues heures près de leur lit de douleur, cherchant à leur rendre tous les services qui dépendaient d'elle. Elle ne les abandonnait pas avant leur dernier soupir et, après leur mort, venait encore prier près de leur dépouille.

Le temps que lui laissaient libre ses chères malades était employé aux humbles travaux dont nous avons déjà parlé, auxquels elle joignit, pendant les deux dernières années de sa vie, le soin d'apprendre à coudre aux jeunes enfants de la *classe de charité*. On voyait alors cette vénérable Mère assise humblement dans un couloir ou sur le seuil de la classe, au milieu de ces pauvres petites filles, qui

recevaient ses leçons plus ou moins docile-
ment, sans égard pour les antécédents et
pour les vertus de leur charitable maîtresse.
Quelque vains que soient aux yeux de la foi
la naissance, les honneurs, la fortune et tous
les avantages du monde, il faut bien convenir qu'à prendre la nature humaine telle
qu'elle est, les sacrifices que dut en pareilles
circonstances s'imposer la digne Mère furent
des plus méritoires. Il y a sans doute pour
l'âme généreuse un dédommagement intime
que réserve le Bon Maître dans cette paix
de la conscience qui, selon la parole de
l'Apôtre, surpasse tout sentiment. Mais la
miséricorde de Dieu laisse toujours large, en
cette vie, la part de l'épreuve, pour rendre
au ciel la récompense plus éclatante.

Fidèle à suivre cette divine direction, la
pieuse Mère achevait, avec le secours de la
grâce, de faire mourir en elle les restes de
la nature en pratiquant, aussi parfaitement
qu'elle le pouvait, ses vertus de prédilection,
l'humilité, l'obéissance et la charité. Avant
de clore l'histoire de cette belle vie, il con-

vient de s'arrêter quelques instants sur les progrès qu'elle réalisa dans ses dernières années et qui ont laissé un souvenir si édifiant à toutes les personnes qui en ont été les témoins.

Nous avons souvent rappelé avec quel zèle elle s'appliquait à l'*humilité*. A vrai dire, les occasions ne lui manquèrent pas. A quelles rudes épreuves ne fut pas mis son amour-propre et avec quelle générosité ne fut-il pas immolé ! Dès le temps de son ministère à l'Oratoire, nous avons vu notre vertueuse Mère s'exercer aux plus humbles fonctions et s'effacer avec le plus délicat désintéressement devant la maîtresse de novices que lui avait préférée Mgr Angebault. Depuis son entrée à la Retraite, elle se vit privée de tout ce qui peut nourrir la vanité et attirer quelque considération. Humbles emplois à Cholet, fonctions plus modestes encore à la Maison-Mère, elle accepte tout, non sans ressentir quelque amertume, mais sans en rien laisser paraître qu'à sa Supérieure ou à son Directeur. Elle avait pris, avons-nous dit, la résolution de ne rien dire qui pût lui attirer un éloge : jamais bon propos ne fut mieux gardé ; si bien qu'à la fin de sa carrière, il lui semblait aussi naturel que désirable de passer inaperçue, sans être l'objet d'aucune attention. Par une permission de la Providence, ses vœux furent plus d'une fois exaucés. On paraissait faire peu de cas d'elle ; perdue dans la société de ses compagnes, il lui arrivait souvent d'être réduite au silence pendant des récréations entières. Cet oubli lui fut-il sensible ? On peut le croire ; mais elle ne le laissa jamais voir, et montra même un jour qu'elle avait assez de vertu pour supporter sans se plaindre jusqu'au dédain et au mépris. Pour soulager des Religieuses fatiguées, elle avait obtenu de faire une des lectures d'usage à la Communauté. Mais sa vue, qui baissait avec l'âge, l'empêchait parfois de bien distinguer les mots, de sorte qu'on prenait moins d'intérêt à la suivre. Un jour qu'elle lisait de la sorte une page intéressante, une compagne, cédant à un mouvement d'impatience,

s'avance vers elle et, lui enlevant brusque-
ment le livre, va le porter à une autre. Surprise un instant de cette inconvenance,
l'humble Mère se contint, baissa les yeux
comme pour offrir au divin Maître cette
humiliation, et reprit, sans s'émouvoir davantage, sa physionomie accoutumée.

Cette sincère humilité, jointe à la vivacité
de sa foi, lui rendait léger le joug de l'*obéissance*. Elle ne voyait dans ses Supérieurs
que les représentants de l'autorité divine, et
acceptait comme venant du ciel les ordres
ou les conseils qu'elle en recevait. Aussi
pouvait-elle dire dans sa dernière maladie :
« Je ne trouve pas qu'il soit difficile d'obéir. »
Non contente d'ouvrir son cœur à ses Supérieurs avec la simplicité d'une enfant et
d'exécuter ponctuellement leurs volontés,
elle tenait compte de leurs moindres désirs.
Par suite de ses anciennes infirmités, elle
usait, à la chapelle, d'un fauteuil bien modeste, mais qui tranchait avec l'ameuble-
ment commun. La Révérende Mère Générale, supposant qu'elle n'en devait plus

avoir le même besoin qu'autrefois, et ne voulant pas néanmoins influencer sa réponse, la fit questionner sur ce sujet : « Notre Révérende Mère le désire, dit-elle aussitôt, cela suffit ; je me placerai dans ma stalle » ; et, malgré la gêne qu'elle en éprouva, elle ne dit jamais un mot qui pût faire revenir sa Supérieure sur ses intentions.

Comme l'obéissance, la *charité* est fille de l'humilité, qui, se voyant inférieure à tous, s'oublie volontiers pour faire valoir et obliger les autres. Nous ne voulons pas revenir ici sur le dévouement admirable qu'elle montra si souvent au service du prochain, quel qu'il fût : l'histoire de sa vie nous en a offert mille exemples. Nous remarquons seulement ici la réserve excessive dont elle usait en parlant d'autrui, et la bienveillance qu'elle portait jusque dans son jugement. Elle s'appliquait à se voiler les fautes et les défauts de ses compagnes, et, si elle remarquait chez elles quelque bizarrerie ou quelque ridicule, elle corrigeait l'impression défavorable qu'elle en éprouvait, en considérant en elles l'image de

Dieu et tout ce que la grâce y avait mis de bon. S'oubliait-on à parler en mauvaise part de quelque personne, d'instinct elle prenait sa défense. Cette habitude lui attira parfois des réflexions piquantes et la fit taxer de scrupuleuse, scrupule bien désirable et peut-être trop rare, même dans les communautés les plus régulières. Du moins peut-on dire d'elle après sa mort : « Elle n'a jamais manqué à la charité » ; remarquable éloge, gage de la sentence miséricordieuse qu'aura prononcée sur elle Celui qui a dit : « On usera pour vous de la mesure que vous aurez appliquée aux autres. »

A son respect et à sa bienveillance pour ses compagnes, elle joignait l'attachement, le dévouement le plus absolu à la Congrégation qui l'avait reçue. A la voir et à l'entendre, on eût pu croire qu'elle y était née à la vie religieuse. Elle l'aimait vraiment comme l'enfant aime sa mère, ne cessant d'offrir les prières les plus ferventes pour son accroissement et sa prospérité. L'une de ses plus douces consolations, aux derniers jours de sa vie, c'était de penser qu'après sa mort, si Dieu lui faisait miséricorde, elle serait moins inutile à sa congrégation.

Est-il maintenant besoin de rappeler jusqu'à quel point elle porta *l'abnégation ?* A vrai dire, sa vie tout entière n'en fut qu'un acte prolongé. Nous l'avons vue sacrifier tour à tour sa famille, ses goûts, sa fortune, sa santé, l'œuvre qu'elle avait fondée et les préférences qu'elle n'avait pu s'empêcher de lui garder. Sans doute à diverses reprises, cette continuelle immolation lui coûta de vives souffrances et de véritables déchirements. Mais, comme nous l'avons montré, elle sut concentrer sa peine et ne l'épancher qu'au pied de son crucifix, ou dans le secret des confidences qu'il lui était légitime de faire aux Directeurs de sa conscience. Encore, à la fin de sa carrière, les sacrifices paraissaient ne lui plus coûter, tant elle y était habituée.

Il lui restait à subir une dernière épreuve pour paraître avec plus d'assurance devant Celui auquel elle s'était consacrée. Elle avait, au cours d'une vie déjà longue, suivi fidèlement son divin Maître et gravi par degrés avec lui la montagne du Calvaire. Il lui était réservé de mourir comme lui sur la Croix, en proie dans son corps, à de cruelles souffrances et, dans son âme, à une sorte de désolation : double source de mérites, que sa foi courageuse et forte n'eut garde de laisser perdre.

Au début de l'année 1874, la santé de cette vénérable Mère parut décliner rapidement. Les soins charitables qu'elle donnait, comme d'ordinaire, à ses chères malades, lui coûtaient beaucoup de souffrances. Vaincue enfin par la douleur, elle dut se mettre au lit. Le 28 février, le médecin reconnut, dans la région du foie, l'existence d'une tumeur, qui pendant quatre mois ne lui laissa pas une heure de repos. Parfois, la violence de la douleur lui arrachait des cris, sans cependant lasser sa patience et sans altérer sa parfaite conformité à la volonté de Dieu. Mais ce qui lui était le plus pénible, c'était la soustraction de toute grâce sensible. Elle

gémissait d'être absorbée par la douleur
physique et par une angoisse inexprimable,
qui l'empêchait de s'occuper de Dieu avec la
paix qu'elle aurait souhaité. Plusieurs fois
par jour, elle priait ses compagnes ou la
sœur infirmière de lui faire quelque lecture
pieuse : c'était pour elle un secours et une
force, mais non une consolation. La sainte
communion, qu'elle ne put recevoir qu'en
viatique pendant tout le cours de sa maladie,
produisait le même effet : « Il faut, disait-
elle, que Notre-Seigneur fasse tout en moi. »
A ce prix, du moins, le divin Maître achevait de détruire en cette âme généreuse les
derniers restes de l'amour-propre, en la
privant de tout ce qui aurait pu lui servir
d'aliment.

Au commencement de l'été, l'état de la
chère malade parut assez grave pour qu'on
lui proposât l'extrême-onction. Comme il
arrive alors même aux plus saintes âmes,
elle eut un moment de surprise et d'émotion ;
mais elle se remit promptement, accueillit
avec reconnaissance ce dernier secours de la

religion et attendit en paix le moment fixé. C'était le 3 juillet. Interrogée par M. l'Aumônier[1], qui lui demandait si elle désirait lui parler en particulier : « Je vous remercie, répondit-elle, je suis prête. » Tous les comptes de cette conscience, pourtant si délicate, étaient réglés. Confiante en la miséricorde du Dieu qu'elle servait depuis longtemps avec tant de fidélité, elle reçut avec calme le saint Viatique et l'Extrême-Onction : puis, fortifiée par la grâce de ces derniers sacrements, elle ne songea plus qu'à se détacher de tout ce qui pouvait la retenir à la terre, pour paraître avec plus de confiance devant son Juge. Cependant son humilité eut un instant d'inquiétude. « Ne va-t-on point convoquer à ma sépulture un trop grand nombre de parents, de prêtres et d'amis?... Que cette pensée me fait de peine ! » Dieu devait, comme nous le dirons bientôt, condescendre aux désirs de sa ser-

[1] M. l'abbé Ledoyen.

vante. Le même jour (6 juillet) elle reçut la
bénédiction apostolique.

« Tout était prêt, écrit son pieux biographe.
La victime était parée pour le dernier sacrifice, ou plutôt l'épouse avait revêtu la robe
nuptiale ; ses œuvres lui servaient de joyaux :
elle pouvait se présenter devant l'époux
céleste qui l'appelait pour poser sur sa tête
le seul ornement qui lui manquât, la couronne d'une gloire immortelle. En ce moment,
lui murmura-t-il doucement au cœur ces
paroles de nos saints Livres : « Levez-vous
promptement, ma bien-aimée !... l'hiver est
passé, les pluies ont cessé, les fleurs ont
commencé de paraître... levez-vous et
venez ?... » Nous ne savons, mais le 7 juillet,
dès le matin, ses souffrances étaient finies.
Calme et silencieuse, jouissant de toute sa
connaissance, elle reposait ses regards sur les
compagnes qui l'entouraient, et semblait
leur dire : « Je m'en vais, mais je ne vous
oublierai pas. » Enfin, à 4 heures, sans
secousse et sans efforts, cette belle et chère

âme se dégagea de ses liens mortels pour aller jouir, nous l'espérons, de la présence de son Dieu [1]. »

« C'était la surveille de l'Adoration perpétuelle, la chapelle allait être magnifiquement parée. Le Bon Dieu semblait avoir choisi cette circonstance pour appeler à Lui une âme si humble et si éprouvée. La gloire du triomphe n'avait plus de danger pour elle ; la terre devait s'unir au ciel, pour célébrer les vertus cachées de l'épouse du Christ. Prévenues trop tard, beaucoup de personnes ne purent arriver assez tôt pour assister aux funérailles. Mais les fleurs, les draperies et une couronne de prêtres qui entouraient le sanctuaire, donnaient à la cérémonie funèbre l'aspect d'une véritable fête. Le cercueil était là tout près de l'autel : la blanche couronne qu'on y avait déposée s'harmonisait avec les ornements du saint lieu, et les restes qu'il

[1] La Révérende Mère Sainte-Cécile avait près de 70 ans et comptait 40 ans de profession religieuse, dont 18 passés dans la Congrégation de la Retraite.

renfermait semblaient des reliques précieuses attendant le jour où la voix du Tout-Puissant les revêtira de gloire et d'immortalité. »

ÉPILOGUE

Coup d'œil rétrospectif sur la carrière de la Révérende Mère M. Sainte-Cécile. — L'Oratoire depuis son agrégation à la Retraite.

Après avoir suivi, jusqu'à la mort édifiante qui la couronna, la vie de la vertueuse Mère M. Sainte-Cécile, on éprouve le besoin de jeter un regard en arrière pour rechercher dans cette longue carrière, et surtout pour admirer, l'œuvre de la Providence.

A première vue, on est surpris de voir cette jeune fille, d'une instruction relativement incomplète, prendre la direction d'un Pensionnat renommé ; cette âme ardente et pleine de foi, mais sans formation religieuse régulière, fonder une nouvelle Congrégation, puis après son entrée à la Retraite, ce malaise presque continuel qui la fit tant souffrir et embarrassa souvent ses Supérieurs jusqu'à son retour à la Maison-Mère ? Alors on se demande si, dès le début, cette âme a été bien menée, si les frères La Mennais ont sagement agi en la détournant de son premier projet, si, enfin, sa place n'eût pas été plutôt au chevet des malades, où elle se fût consacrée tout à la fois au soulagement des corps et au salut des âmes, comme elle le voulait faire à l'hospice Saint-Charles et comme l'y portèrent toujours l'inclination naturelle de son cœur et l'ardeur de sa charité.

Ainsi serions-nous tentés de raisonner. Mais Dieu ne juge et n'agit point à la manière des hommes. La Providence se rit de leurs calculs ; nos erreurs, comme nos fautes, ne l'empêchent point d'atteindre infailliblement le but que poursuivent sa sagesse et sa bonté, et de faire tourner les événements au profit de sa gloire et du bien spirituel de ses élus. Aussi, quelque jugement qu'on puisse porter sur la manière dont Mère M. Sainte-Cécile fut d'abord conduite, il est certain que Dieu s'est servi d'elle pour fonder une maison qui a donné à la Société angevine nombre de femmes distinguées et sincèrement chrétiennes ; que, si sa direction spirituelle était parfois trop sévère et trop minutieuse, sa foi si vive, son abnégation prête à tous les sacrifices, son humilité d'autant plus méritoire qu'elle était plus contraire à sa nature, ont puissamment contribué à développer chez ses filles l'esprit profondément religieux que l'on admirait en elles.

A vrai dire, elle a dû beaucoup aux sages conseils du pieux abbé Mocher et au concours dévoué de Mère Saint-Laurent. Aussi, privée de ces deux aides et réduite par sa santé à une sorte d'inaction, puis à des fonctions presque toutes matérielles, elle fut surtout utile à la Congrégation qui l'accueillit par le spectacle des belles et solides vertus qu'elle pratiquait. D'ailleurs, si l'on envisage sa vie sous un autre point de vue, quelle gloire sa belle âme aura-t-elle rendue à Dieu, et quelle riche couronne se sera-t-elle acquise, par le courage et l'humilité avec lesquels elle supporta si longtemps ses peines intérieures. « Qu'elle a souffert ! répètent à l'envi toutes les personnes qui l'ont connue, mais avec quelle patience ! » Certes, une telle vie est loin d'être inutile, et nous voulons croire qu'il y avait autant de profit que d'intérêt à en suivre les détails, et que la pieuse Mère Marie-Sainte-Cécile, après avoir fait tant de bien de son vivant, continuera d'édifier les âmes par le souvenir de ses vertus.

Pour compléter cet historique, il semble naturel de faire connaître brièvement ce qu'est devenu, depuis le départ de notre vénérable Mère, le Pensionnat qu'elle avait fondé, et de consacrer quelques pages aux auxiliaires dévoués que la Providence avait groupés autour d'elle. Toutefois, plusieurs des personnes dont il nous faudra parler étant encore vivantes, on nous pardonnera de garder sur leur compte une réserve que commande leur modestie, sinon l'édification de nos lecteurs.

Après l'agrégation, la direction de l'Oratoire fut, comme nous l'avons dit [1], confiée à la Révérende Mère *Sainte-Émilie* (tante de M. le Dr Gripat), choix que Mère M. Sainte-Cécile, bon juge en cette question, trouvait excellent. Sa mission était délicate : il s'agissait de faire accepter aux Religieuses de l'ancien Oratoire les règles, les usages et surtout l'esprit de leur nouvelle Congrégation, de les fondre en une seule famille avec les compagnes que la Maison-Mère leur envoyait. Il lui fallait maintenir ou reconquérir la confiance des parents et resserrer les liens d'une discipline que l'état de santé de l'ancienne Supérieure et de son Assistante avait forcément relâchés. Cette tâche était dure pour la chère Mère Sainte-Émilie, dont le tempérament était des plus délicats. Elle réussit sans peine à se faire apprécier et aimer des Religieuses, dont plusieurs gardent encore d'elle un excellent et très reconnaissant souvenir. Mais elle eut plus de peine à

[1] Voir page 192.

gagner la sympathie des familles et des enfants. Avant même de la connaître, beaucoup de parents s'effrayèrent à tort du changement de régime, et, s'il faut en croire un compte détaillé du personnel adressé le 12 mars 1858 par la nouvelle Supérieure à Mgr Angebault, le nombre total des élèves était descendu de 120 à 64 seulement. Puis la réserve que Mère Sainte-Émilie avait cru devoir montrer pour réagir contre le laisser-aller des dernières années, disposait peu les enfants en sa faveur. La maladie l'empêcha de rétablir la situation.

Ce fut l'œuvre de la Révérende Mère *Sainte-Angèle* (1859-1869), dont l'entrain et la rondeur plaisaient mieux au jeune âge. D'utiles transformations matérielles enrichirent la maison et lui donnèrent un aspect plus riant. C'est Mère Sainte-Angèle qui, en abattant quelques cloisons, reconstitua la grande salle de réception telle qu'elle devait exister à l'origine de la maison. Elle fit ajourer le haut des fenêtres des grandes classes, qui, depuis l'installation de l'imprimerie Mame, étaient restées à demi-bouchées, fit fermer par des vitrages la galerie trop froide élevée par la Révérende Mère M. Sainte-Cécile, et construire à côté la classe de sixième.

Grâce à ces améliorations, le nombre des élèves se releva rapidement, et l'on put espérer de regagner en peu de temps la prospérité que le changement de direction avait un instant compromise, lorsqu'un triste événement vint affliger l'Oratoire et réunit dans un même deuil les élèves de l'ancien et du nouveau régime.

Après l'agrégation (août 1857), l'abbé Mocher était demeuré l'aumônier des Religieuses et des enfants. Mais, attaché désormais au service d'une Institution qui fonctionnait d'elle-même dans les diverses maisons où elle était établie, il n'avait plus la même raison, ni la même liberté, d'exercer sur la vie intérieure du Pensionnat le contrôle qui auparavant lui revenait de droit. Toutefois, Mère Sainte-Émilie, prévenue que cet isolement lui était sensible, se fit un devoir de le tenir au courant des événements et des incidents propres à l'intéresser. Ce sage et vertueux ecclésiastique n'était-il pas mieux que personne en mesure de confirmer par ses conseils et son esprit conciliant l'union qui venait de s'accomplir entre les deux Congrégations, et d'atténuer peu à peu les difficultés inséparables d'une semblable fusion ?

Sa pieuse influence contribua donc avec la même discrétion à la résurrection et au succès nouveau de l'Oratoire, comme elle avait aidé à ses origines et à ses progrès. Aussi fut-on vivement affecté de voir, à l'été de 1863, sa santé, en apparence régulière et bonne, s'altérer sensiblement.

Ce fut au mois de juillet qu'une infirmité intérieure dont sans doute il souffrait peu, commença de se révéler et d'inspirer de sérieuses inquiétudes. Après une amélioration momentanée, le mal reprit avec plus de violence aux premiers jours du mois d'août. Informé de la gravité de son état, le pieux malade se prépara à la mort par la plus parfaite résignation à la volonté de Dieu. « Jésus si aimable ! disait-il ; Jésus si peu aimé ! aimable par-dessus toutes choses et moins aimé que la moindre chose !... que je vous aime ! mon bon Maître ; que vous êtes bon pour moi ! Je veux ce que vous voulez, comme vous le voulez et parce que vous le voulez... Mon Dieu ! mon tout ! Dieu seul ! Dieu seul !... Je ne savais pas qu'il fût si doux de mourir ! »

Montrant Marie et saint Jean au pied de la Croix : « Qu'il fait bon là ! » répétait-il... « O mon Jésus ! mon Sauveur ! je vais vous voir enfin !... Sainte Vierge, ma bonne Mère, soyez mon avocate ! »

Cependant, la nouvelle de sa maladie s'était répandue en ville, on venait de toutes parts s'informer de sa santé. Il désirait connaître le nom de toutes les personnes, et avec la bonté et la politesse qui rendaient si aimables les relations avec lui : « Remerciez-les bien pour moi, et dites combien je suis reconnaissant de leur affectueux souvenir :

je ne les oublierai point devant le Bon Dieu !
Dites à la Révérende Mère Sainte-Cécile
qu'elle trouvera tout dans le cœur de Jésus-
Christ. »

Le cher malade eût été bien heureux de
voir près de lui, dans ces derniers moments,
celle dont il avait été le si dévoué collabora-
teur ; mais, les circonstances et les saintes
exigences de la Règle retinrent à Cholet
celle qui de son côté eût tant aimé à
recueillir de vive voix les derniers avis de son
ancien directeur. Ce fut pour l'un et l'autre
l'occasion d'un bien méritoire sacrifice.

Plus heureux, quelques amis et les Religieuses de la maison furent plusieurs fois
admis à entretenir le malade dans cette
grande chambre (aujourd'hui l'infirmerie des
Religieuses), consacrée par les études et les
pieux exercices du vénérable aumônier.

M. le Dr Logerais, qui lui prodiguait les
soins les plus habiles et les plus affectueux,
demanda et obtint sans peine pour lui et pour
sa famille la bénédiction du saint prêtre.

Madame la Supérieure de l'Hôtel-Dieu et,

bientôt après, ses chères filles de l'Oratoire eurent la même consolation.

Du reste, oubliant ses propres souffrances pour ne penser qu'à sa famille spirituelle, il voulait de son lit de douleur prêcher encore ses bonnes Religieuses et leur expliquait que l'adoration due à Dieu doit comprendre trois choses : la soumission entière à son adorable volonté, le sacrifice de tout notre être et la prière ou l'union habituelle avec Dieu.

Dans la nuit du mardi au mercredi, puis de samedi au dimanche qui suivirent, M. l'abbé Houbart, supérieur du Grand-Séminaire et son confesseur, eut la charité de venir lui-même lui donner le saint Viatique, qu'il reçut avec la plus édifiante piété. Le dimanche, 16, on lui administra, en présence de toute la Communauté, le sacrement d'extrême-onction, où il fit paraître autant de calme et de recueillement qu'il en mettait à remplir à la chapelle quelque fonction sacrée.

C'était le jour même de la distribution des prix. Mais cette fête, que l'attrait des récompenses et l'ouverture des vacances rendent si chère à la jeunesse, fut cette fois pleine de larmes. Le cher aumônier était si universellement et si profondément regretté ! Comme dernier souvenir du père de leurs âmes, les élèves emportèrent la bénédiction qu'il accorda bien affectueusement aux prières de la Révérende Mère Sainte-Angèle.

Le malade continua de souffrir et d'édifier son entourage jusqu'au mercredi, 19, où il rendit paisiblement le dernier soupir à 3 heures du matin. « Il y a un Saint de plus au Ciel ! » disait en regardant cette chère dépouille le pieux M. Houbart.

L'abbé Mocher était âgé de 64 ans. Il était depuis plus de 25 ans aumônier en titre de l'Oratoire. Mais, comme nous l'avons vu, il avait, dès le début de l'institution, donné ses soins à la Communauté et au Pensionnat ; plusieurs Religieuses s'adressaient même à lui depuis son arrivée dans la paroisse. Mgr Angebault voulut honorer de si longs et si précieux services, et donner à la maison de l'Oratoire une marque de paternelle sympathie, en présidant lui-même les funérailles du cher défunt, qui eurent lieu le jeudi 20 août, à la cathédrale.

Au cimetière de l'Est, non loin du monument de l'abbé Pasquier, une tombe en pierre dure, ornée d'un calice et d'une étole sculptés en relief, recouvre les restes du vénérable prêtre. La Congrégation de la Retraite se fait un devoir d'entretenir cet humble monument qui rappelle aux paroissiens de Notre-Dame un pasteur zélé, aux Religieuses et au pensionnat qu'il dirigea, un aumônier accompli [1].

[1] Par testament olographe du 2 décembre 1859, l'abbé Mocher léguait à l'Évêque d'Angers sa bibliothèque estimée 150 fr. (à l'exception des œuvres de Bossuet, qu'il laissait à l'Oratoire) ; à la Retraite (pour la maison de l'Oratoire) :

1° Divers objets du culte, estimés 423 fr.

2° Son mobilier estimé 200 fr., à la charge de faire célébrer 100 messes pour le repos de son âme ;

3° Une somme de 2.000 fr. due au testateur par la Congrégation.

Déjà, pour reconnaître les services rendus par lui à l'Oratoire, la Congrégation de la Retraite, sur la demande de la Révérende Mère M. Sainte-Cécile,

Quelque fâcheuse que dût être une perte aussi sensible, la prospérité de l'Oratoire n'en fut pas diminuée ; et, grâce sans doute aux prières de ce bon prêtre, la rentrée de l'année scolaire fut particulièrement brillante. L'année suivante on atteignait le chiffre normal de 120 élèves. C'est alors que la zélée Supérieure put réaliser un projet digne de sa prudence et de sa piété.

Depuis longtemps la Révérende Mère Sainte-Angèle cherchait le moyen d'entretenir dans les anciennes élèves les principes de vie chrétienne qu'elles avaient reçus au Pensionnat, en les ramenant, à des intervalles périodiques, au berceau de leur éducation. A la retraite de l'année scolaire 1864-1865, qui se terminait alors en la fête de l'Immaculée Conception de la Sainte

avait décidé de faire célébrer le 26 mai de chaque année, en la fête de Saint-Philippe de Néri, à la chapelle de l'Oratoire, une messe pour l'abbé Mocher, pour sa famille et pour toutes les Religieuses qui ont fait partie de la Congrégation et leurs familles (Conseil tenu le 22 octobre 1858).

Vierge, elle communiqua ses intentions au
R. P. Boué, de la Compagnie de Jésus, qui
en donnait les exercices ; celui-ci, entrant
pleinement dans les vues de la bonne Supérieure, proposa aux anciennes élèves de
fonder, avec le concours des plus vertueuses
et des plus zélées d'entre elles, une Congrégation pieuse sous le nom d'*Association des
Enfants de Marie de l'Oratoire*, dont les
réunions auraient lieu chaque mois. Ce projet agréa fort à ces excellentes jeunes filles,
et, dès le jour de la clôture de la retraite, un
certain nombre d'entre elles, ayant à leur
tête Mlle Louise *Massonneau*[1], furent admises
à prononcer leur consécration. De son côté,
M. l'abbé *Guillet*, aumônier de la maison, se
consacra de tout cœur au progrès de l'œuvre,
et Mgr Angebault voulut bien honorer de sa
présence une de leurs premières réunions.
Quelques mois plus tard, la générosité inépuisable de la Révérende Mère Saint-Léonce
ayant permis d'élever dans le haut du jardin

[1] Nièce de feu M. le Curé de Longué.

le beau monument de la Sainte Vierge, le bon Évêque vint lui-même le bénir solennellement (20 mai 1865), et prononça dans cette circonstance une touchante allocution [1]. Depuis lors, l'Association des Enfants de Marie n'a cessé de fonctionner régulièrement pour le plus grand bien des anciennes élèves enrôlées presque toutes dans cette pieuse Confrérie, et aussi pour la prospérité du Pensionnat, avec lequel les congréganistes continuent ainsi d'entretenir les plus cordiales relations [2].

Un événement d'un autre genre couronna dignement le Supériorat de la Révérende Mère Sainte-Angèle, et lui permit de réaliser un vœu déjà cher à la fondatrice de la maison. Peu après la prise de possession de

[1] Ce monument, appelé d'abord « *Notre-Dame de la Garde* », porte aujourd'hui le nom de « *Mère Aimable* ».

[2] Nous croyons être agréable à bon nombre de nos *lectrices* en publiant en appendice la liste de toutes les élèves admises jusqu'ici dans notre Association des Enfants de Marie.

l'Oratoire par Mme Cécile, le propriétaire
voisin, qui lui avait déjà cédé une partie
considérable de l'immeuble Milscent, avait
vendu le reste, c'est-à-dire l'aile méridionale
de l'ancien couvent et deux pièces contiguës,
à Mme Charles Lointier (1838). A la mort de
cette dame (1864), cette habitation échut,
avec ses servitudes, à sa fille, Mlle Caroline.
Mère Sainte-Angèle, voyant alors augmenter
le nombre de ses élèves, ne pouvait s'empêcher de convoiter cette dernière portion du
vieil Oratoire. Mais la propriétaire ne voulait
à aucun prix s'en dessaisir et entendait bien
y mourir. C'est précisément ce qui arriva.
Un matin de décembre 1867, Mlle Lointier
fut trouvée morte au bas de son escalier.
L'immeuble qu'elle occupait revenait naturellement à sa sœur, Mme Berger. Comme il
était assez difficile de vendre ou de louer à
d'autres une maison voisine d'un nombreux
et bruyant pensionnat et soumis à des servitudes gênantes, les époux Berger signèrent
avec Mme la Supérieure Générale de la
Retraite (la Révérende Mère Saint-Hilaire)

une promesse de vente datée du 31 juillet 1868 [1], qui lui permettait d'entrer en jouissance au 1er septembre suivant. Mère Sainte-Angèle installa d'abord quelques classes dans le nouveau local ; mais après le départ de M. l'abbé *Boisdron*, successeur de M. Guillet, on y transféra le logement de l'aumônier.

Sur ces entrefaites, la Supérieure de la Retraite de Cholet, Mère Sainte-Bertile, s'étant trouvée fatiguée, on crut devoir lui adjoindre, en qualité d'Assistante, sa propre sœur, la Révérende Mère Sainte-Angèle. La direction de l'Oratoire fut alors confiée à la Révérende Mère *Sainte-Claire*, qui, après avoir implanté à Thouars la Congrégation de la Retraite, avait rempli à Redon plusieurs fonctions importantes, et qui, pour le plus grand bien de notre maison, devait la gou-

---

[1] Le contrat définitif, autorisé par décret impérial du 22 mars 1869, fut passé le 29 avril suivant. Voir pour cette acquisition, comme pour toutes les constructions ajoutées à l'ancien couvent, les deux plans de l'Oratoire que nous joignons à ce volume.

verner pendant plus d'un quart de siècle.
Sous cette direction qu'inspiraient une foi
vive, un tact parfait et une grande bonté, le
Pensionnat ne pouvait manquer de prospérer.
Aussi le nombre des enfants a-t-il atteint
avec elle son chiffre le plus élevé. Pour le
contenir, il eût fallu dilater les murs, surtout
ceux de notre humble chapelle, qui, bien
petite en temps ordinaire, devenait très
insuffisante aux jours de première communion. Un instant on conçut l'espoir de voir
l'enclos agrandi jusqu'à la rue du Mail, et
notre modeste sanctuaire remplacé par un
édifice plus digne d'un nombreux Pensionnat.
Ce ne fut, malheureusement, qu'un beau
rêve, dont il fallut ajourner la réalisation. La
bonne Supérieure s'en consola en restaurant
complètement la chapelle, qui fut parquetée,
entièrement repeinte, pourvue de stalles
pour les Religieuses et surtout d'une tribune
spacieuse pour nos chanteuses. Notre sanctuaire se para de cette belle couronne de
statues qui entourent le « Sacré-Cœur » et
rappellent aux enfants les patrons de la jeu-

nesse chrétienne. La sacristie fut meublée, pourvue d'un riche calice et d'un ostensoir du meilleur goût, enfin reliée au sanctuaire par une porte de communication indispensable.

Au dehors, la terrasse fut remaniée pour le plus grand avantage de la discipline et la commodité générale. On dut, il est vrai, sacrifier quelques beaux arbres, mais que fait oublier, en avant de la chapelle, une belle avenue de marronniers déjà grands et pleins d'ombre. Au fond se creusa une grotte de Lourdes, où quelques plaques de marbre témoignent de la piété et de la reconnaissance de nos élèves. Au milieu de la cour, au centre d'un gai bassin, qu'environne une couronne de rosiers, s'éleva une belle statue de saint Joseph, tandis qu'à l'extrémité de la galerie fut placée celle de l'Ange gardien ; partout de saintes images, qui, en charmant les yeux, élèvent l'âme de nos chères enfants, et font de ce pieux asile comme un paradis terrestre.

Nous ne citerons point le nom des donateurs à qui nous devons la plupart de ces beautés, et qui veulent rester inconnus ; mais il n'est que juste de rendre hommage à la générosité personnelle de la Révérende Mère Sainte-Claire et de sa noble famille.

Dans les dernières années de son administration, une heureuse circonstance fournit aux élèves de l'Oratoire, anciennes et actuelles, l'occasion d'exprimer à leur bienaimée Supérieure leur reconnaissance et leur affectueuse vénération. En 1892, on avait déjà fêté les « noces d'or » de sa profession religieuse. A l'été de 1894, les Enfants de Marie, entraînées par le zèle intelligent de leur présidente, Mlle Marthe *Chasle*[1], et inspirées par leur aumônier, M. l'abbé *Galard*, célébrèrent, dans une fête brillante, le 25e anniversaire de son supériorat à l'Oratoire. On admira surtout une série vraiment artistique de tableaux vivants, représentant les principaux épisodes de la vie de sainte Claire. Pour perpétuer le sou-

---

[1] Aujourd'hui Mère *Saint-Gildas*, religieuse à la Retraite de Brest.

venir de cette belle journée, les anciennes élèves offrirent à la chère Supérieure, et par elle à notre chapelle, une magnifique chasuble brodée par les artistes de la fameuse maison Grossé, à Bruges ; de leur côté, les élèves du Pensionnat complétèrent ce beau cadeau par le don d'une chape de même style, la plus riche que nous possédions.

Nous voudrions rappeler avec le même détail tout ce que la vénérée Supérieure a fait de bien, à ses Religieuses par ses exemples et ses instructions, à ses Enfants par sa vigilante sollicitude, ses sages conseils et son maternel dévouement, à leurs parents par le ton aussi édifiant que distingué de ses relations, à tant de malheureux et de familles éprouvées par une charité aussi généreuse que délicate. Mais sa modestie nous oblige à nous borner et à laisser à nos lecteurs le soin de suppléer à nos réticences par leurs propres souvenirs.

Aux vacances de 1895, retirée, pour quelques jours, croyait-elle, à la Maison-Mère, la Révérende Mère Sainte-Claire priait avec ferveur pour l'heureux choix d'une Assistante générale. Elle ne croyait pas travailler ainsi pour elle et contre son Oratoire : c'est elle-même qui fut nommée. C'était la juste récompense de tant d'années de fatigue et de dévouement. Mais son départ imprévu n'allait-il pas ouvrir une bien délicate succession ?

Sans faire oublier celle dont elle était l'ancienne élève, nous pouvons dire que la Révérende Mère *Saint-Cyprien*, depuis longtemps déjà maîtresse des novices à la Retraite d'Angers, à su garder ou conquérir, malgré les difficultés de sa situation, l'estime affectueuse des Religieuses, la sympathie des familles, le respect et la confiance des enfants. Puisse avec elle l'avenir de l'Oratoire répondre à son heureux passé !

APPENDICE

I

Les Religieuses oratoriennes après l'agrégation

A la fin d'un ouvrage que nous intitulons « Histoire de la Révérende Mère M. Sainte-Cécile *et de la Congrégation des Dames de l'Oratoire* », nous ne croyons pas faire un hors-d'œuvre en faisant connaître dans une courte notice ce que devinrent, après l'agrégation, nos Religieuses oratoriennes.

Mère *Saint-Benoît,* dans le monde Mlle Pilatte, et à l'Oratoire Sœur Sainte-Adélaïde, cachait sous des dehors un peu rudes un cœur excellent. Après avoir passé près de quarante ans à l'Oratoire, elle fut chargée d'aller instruire, à Redon, 130 petites filles de l'école gratuite. Modèle d'obéissance et d'abnégation religieuse, elle accepta généreusement ce rude ministère. Mais la violence qu'elle dut s'imposer dans cette circonstance détermina ou aggrava une maladie dont on ne prévoyait pas le danger. Rappelée à Angers au mois de juin 1869, elle fut présentée au D' Dezanneau, qu'elle pria de lui dire toute la vérité. Le bon Docteur interrogea du regard la Supérieure générale présente à la consultation et, apprenant qu'on pouvait en effet tout dire à cette courageuse femme, lui déclara que son mal était incurable, qu'une opération abrégerait ses jours, mais lui épargnerait des souffrances intolérables. La malade se remit alors entre les mains des médecins et, après une opération très pénible, mais habilement exécutée, fut confiée à la sollicitude de son ancienne Supérieure, Mère M. Sainte-Cécile, qui lui prodigua avec une maternelle charité les soins les plus rebutants, et reçut son dernier soupir le 27 septembre 1869.

Mère *Saint-Léonce*, dans le monde Mlle Douineau, et à l'Oratoire Sœur Saint-Léon, renvoyée après l'agrégation à son ancienne résidence, se montra, mieux encore qu'auparavant, d'une parfaite régularité, d'une obéissance exacte et d'une charité dont les préoccupations allaient jusqu'au scrupule. Très adroite aux arts d'agrément, elle présidait au travail manuel ainsi qu'au dessin, et était en même temps chargée de la sacristie. L'Oratoire doit à sa générosité : le meuble de la sacristie, de riches ornements, le chemin de Croix, la statue de saint Joseph et le monument de « Mère aimable » qui ornent la terrasse, et enfin la tribune.

Atteinte d'une cruelle maladie, elle dut subir, elle aussi, deux opérations douloureuses. Transportée à la Retraite, elle y reçut également à l'infirmerie les soins de la charitable Mère M. Sainte-Cécile et mourut au bout de trois mois, après une pénible agonie, le 16 novembre 1873.

Mère *Marie Saint-Paul* (Élisa Gentil) fut pareillement une insigne bienfaitrice de l'Oratoire. C'est en effet grâce à ses ressources personnelles que Mère Sainte-Cécile fit surélever et agrandir, avec le grand escalier, l'extrémité du bâtiment qu'il dessert (voir plus haut p. 153). Elle n'enseignait aux enfants que l'écriture, parce que son excessive bonté lui laissait peu d'autorité sur cette espiègle jeunesse ; mais quelle excellente religieuse ! Sa mortification lui faisait choisir à table, et un peu partout, ce qu'il y avait de moins agréable. Chargée, dans ses dernières années, de la lingerie, elle prenait pour elle les vêtements les plus usés. Aussi sa mort fut-elle particulièrement édifiante. Elle rendit le dernier soupir au matin du 11 mars 1892, emportant, avec les regrets, l'admiration de sa vénérée supérieure et de son aumônier.

La parenté qui nous unit à Mère *Saint-Louis* (Mlle Marie Mortier, à l'Oratoire sœur Saint-Louis de Gonzague) devrait nous rendre réservé à son égard. Pourquoi tairions-nous cependant ce que tant de témoignages autorisés nous ont répété, que cette chère tante était un modèle d'obéissance et de respect pour ses Supérieurs, et poussait jusqu'au scrupule la délicatesse de conscience? Épuisée, dès l'agrégation, par les emplois multipliés qu'elle remplissait auparavant soit en première classe, soit avec les enfants des communions, elle perdit peu à peu la voix. On crut la soulager en lui confiant, en 1858, la quatrième classe. Mais le soin de ces pauvres petites acheva de ruiner son tempérament usé. Mise enfin au repos sur les instances du médecin et envoyée à la Retraite (21 décembre), elle y languit quelques mois malgré le dévouement le plus touchant de la chère Mère M. Sainte-Cécile, et mourut le 20 février 1859. Elle allait avoir 40 ans. Mgr Angebault voulut bien écrire, à cette occasion, au beau-frère de la défunte (M. Louis Rondeau) : « C'est une perte commune que nous pleurons ensemble ; mais à côté de la douleur se trouve la consolation. C'est une colombe qui s'est envolée vers le ciel ; c'est une âme bienheureuse qui s'est endormie dans la paix. Je ne puis donc que répéter ces mots de nos Livres Saints : « Puissent nos derniers moments ressembler aux siens ! »

Nous n'avons pu recueillir, à notre grand regret, que des détails insignifiants sur Mère *Marie-Saint-Guillaume* (Mlle Cottereau). Envoyée à Cholet en 1860, elle y professa l'histoire et la géographie, résida ensuite à Thouars, puis à la Maison-Mère, et revint enfin à l'Oratoire, où elle mourut le 15 janvier 1890. Elle avait d'abord songé à entrer au Carmel, et avait gardé de ce premier attrait un goût marqué pour des mortifications quelque peu étranges ; du moins elle a laissé le souvenir d'une bonne et fervente Religieuse.

Quelle physionomie originale que celle de cette bonne « Mère *Saint-Néri* » (dans le monde, M^llc Léonie Mesnard ; à l'Oratoire, sœur Saint-Philippe-de-Néri), qui est restée pendant cinquante ans dans notre maison, employée jusqu'au début de l'année scolaire 1897-1898 à l'instruction religieuse des enfants des communions et à différentes surveillances. Quelle crainte salutaire et tout à la fois quelle affection elle inspirait aux élèves ! Incapable d'une préférence pour aucune d'entre elles, elle les aimait toutes maternellement, ou plutôt les portait toutes dans son cœur.

Mais c'est surtout aux enfants de la première communion qu'elle consacrait toutes les ressources de son expérience et de son dévouement. Qu'elle savait bien leur faire apprendre leur catéchisme ! Quel mot-à-mot elle exigeait, et quelle précision dans les explications ! Ces chères petites répondaient en vraies théologiennes. Puis quelle impeccable tenue il fallait garder au catéchisme !...

Avec quel soin elle les préparait à leur confession mensuelle !

Mais, quel que fût son zèle dans le reste de l'année, elle se surpassait à l'approche de leur première communion. Non contente de leur rappeler en toute occasion le grand acte qu'elles devaient faire, elle commençait à entretenir avec les parents un échange quotidien de notes et d'observations qui soumettait chacune de ses enfants à une surveillance de tous les instants et prévenait la moindre négligence. Elle encourageait d'ailleurs leurs efforts par l'attrait de ces petits *rosiers* dont les fleurs et les boutons représentaient leurs bonnes notes et qui, exposés sur l'autel la veille de la communion, étaient solennellement bénis par l'aumônier et consacrés par le voisinage du Saint-Sacrement. Quelque temps avant l'ouverture de la retraite, avait lieu l'examen prescrit sur les leçons et l'explication du catéchisme, examen auquel elle leur faisait attacher une telle importance que plusieurs étaient malades de le subir ; du reste, la bonne Mère ne manquait pas de réclamer, en secret, l'indulgence de l'aumônier. Puis, comme elle dédommageait ses chères petites à la promenade « de charité » qu'elle leur faisait faire le lendemain chez quelques familles nécessiteuses et au couvent des Petites Sœurs des Pauvres ! La retraite commencée, elle ne quittait pas un instant ses petits anges et semblait les couver de son regard et de sa maternelle sollicitude. Le grand jour venu, elle jouissait à l'aise de l'édifiant spectacle qu'ils présentaient et du bonheur pur dont leurs âmes étaient inondées, puis, par une série d'exercices habilement ménagés, veillait à entretenir sans fatigue, jusqu'au soir, les pieuses impressions de la matinée.

Aussi combien d'anciennes élèves ont apprécié le bonheur d'avoir fait, sous sa direction, une bonne première communion, et se sont félicitées de procurer à leurs filles la même faveur ! Mais aussi quelle privation pour le cœur de la pauvre Mère Saint-Néri lorsque des raisons de santé obligèrent ses Supérieures à la relever de ses fonctions et à

la séparer de ses chères enfants. Jusqu'à la
retraite elle sollicita, elle espéra, elle pleura.
Ses infirmités empêchèrent la Révérende
Mère Saint-Cyprien de réaliser ses désirs.
Mais quel sacrifice on lui imposa ! [1]

Cette mesure pénible était, en effet, devenue trop nécessaire. Dès le commencement
de l'année 1897-1898, la chère Mère était si
fatiguée et si oppressée qu'on en prit inquiétude. A la fin de novembre se déclara une
congestion pulmonaire qui la réduisit bientôt
à la dernière extrémité. Sur la recommanda-
tion du médecin de la maison, l'excellent
Docteur Gripat, on lui administra le saint
Viatique et l'extrême-onction, et, comme il
arrive souvent par la vertu de ce dernier
sacrement, le mal cessa d'empirer : station-

---

[1] Hâtons-nous d'ajouter que, sous une forme moins
originale, la direction des enfants des communions
est exercée avec autant de tact et le même dévouement.
« On ne remplacera jamais Mère Sainte-Néri », disaient
les mamans qui l'avaient connue. L'événement a
montré que ces craintes étaient exagérées et que la
grâce d'état départie à notre chère Mère revit en celle
qui l'a remplacée.

naire pendant quelques jours, il diminua graduellement, mais sans permettre à la chère malade de recouvrer toutes ses forces. Réduite à l'inaction et à une sorte d'isolement moral au milieu de ses compagnes plus surchargées, elle avait besoin d'un régime de vie et de soins spéciaux que ne comportait pas la maison où elle avait vécu jusquelà. Force lui fut donc, après cinquante ans de séjour parmi nous, de rester, après la retraite annuelle de 1898, à la Maison-Mère, et de renoncer pour toujours à ce cher Oratoire où elle avait épuisé ses forces au service des enfants. Du moins les nombreuses générations auxquelles elle s'est dévouée, n'oublieront jamais ce qu'elles lui doivent et garderont, avec les impressions ineffaçables de leur première communion, le souvenir ému et reconnaissant de celle qui les y prépara.

On nous pardonnera de nous être attardé à retracer avec quelque complaisance un portrait que nous avons été si bien à même d'étudier. Il nous a semblé que cette figure à part et ce caractère d'un autre âge méritaient une mention spéciale dans une histoire où nous essayons de faire revivre un passé si intéressant [1].

Outre la bonne Mère Saint-Néri, la Congrégation de la Retraite compte encore au nombre de ses meilleurs sujets deux Religieuses Oratoriennes, qui avaient prononcé leurs premiers vœux quelques mois seule-

[1] Cet ouvrage était en cours d'impression, lorsque le Bon Dieu a rappelé à Lui la Révérende Mère Saint-Néri. Le mardi, 31 janvier, se déclara une congestion pulmonaire qui s'aggrava soudain le vendredi soir. On avertit aussitôt M. l'aumônier, le zélé M. Girault, qui, à son tour, prévint la chère malade. Surprise d'abord, elle se remit promptement, se prépara à la mort, et reçut, avec toute la ferveur de sa foi vive, les derniers Sacrements. A 3 heures du matin, elle perdit connaissance et s'éteignit doucement vers 7 heures 1/2 (4 février 1899).

La plupart des Élèves de l'Oratoire suivirent le convoi de leur ancienne maîtresse, et le jeudi, 16, un service pour le repos de son âme fut célébré dans notre chapelle, qui était à peine suffisante pour recevoir les anciennes élèves qu'on y avait convoquées. C'était un dernier hommage rendu aux vertus, et surtout au dévouement religieux de la chère Mère Saint-Néri.

ment avant l'agrégation, les Révérendes Mères Marie *Saint-Bernard* (Mlle Louise Baron) et Marie *Saint-Arsène* (Mlle Georgette Dubourg).

La première, après avoir achevé son noviciat à la Maison-Mère, fut, en 1858, envoyée à la Retraite de Redon, où elle passa huit ans ; rappelée ensuite à la Retraite d'Angers (1866) pour y remplir les importantes fonctions d'Économe, elle n'a cessé pendant 22 ans d'y faire remarquer non seulement un esprit d'ordre et d'exactitude nécessaires dans son emploi, mais encore un véritable esprit religieux, une constante égalité d'humeur et une patience que ne pouvaient déconcerter de continuels dérangements. Obligée par la fatigue et par les exigences d'une santé délicate de renoncer à sa charge, elle dirige depuis le mois de septembre 1898, à la grande satisfaction de sa communauté, la Retraite de Pontchâteau.

Quant à la Révérende Mère Marie Saint-Arsène, son noviciat terminé, elle remplit d'abord à l'Oratoire divers emplois, puis, en novembre 1884, fut appelée à la Maison-Mère, pour s'y acquitter avec le zèle que l'on sait, des fonctions de Sacristine. En 1897, un ordre de la Supérieure l'éloigna pour la première fois de cette ville d'Angers qu'elle semblait ne devoir jamais quitter, et l'envoya à la Retraite de Fontenay-sous-Bois. Mais cet exil n'a été que passager : elle est revenue aux vacances dernières reprendre la place qu'elle occupait à la Maison-Mère, et continue d'y édifier tous ceux qui l'approchent, par son aimable piété et par l'aménité parfaite du plus heureux caractère.

N'oublions pas les humbles sœurs converses agrégées à la Retraite, avec les Religieuses de chœur. Nous avons eu déjà occasion de parler de l'excellent esprit et des aptitudes remarquables dont les premières donnèrent des preuves[1].

A ces éloges si mérités, nous devons ajou-

---

[1] Voir pages 115 et 116.

ter un dernier mot sur la sœur *Sainte-Marguerite* (Marguerite Boumard, à l'Oratoire sœur Sainte-Thérèse), dont la piété était vraiment angélique. Elle était si détachée de tout, que l'abbé Mocher devait modérer l'extrême désir qu'elle avait du Ciel. Atteinte en ses dernières années d'une décomposition de sang qui ne faisait de tout son corps qu'une plaie, elle montra jusqu'au dernier moment une patience admirable et expira, les yeux fixés sur une image de la Sainte-Face, dans les sentiments de la confiance et de la joie les plus touchantes (3 février 186o).

Citons encore pour mémoire, parmi celles qui ont laissé le meilleur souvenir, les chères sœurs *Sainte-Émérance* (N. *Métivier*, à l'Oratoire sœur Sainte-Madeleine), modèle d'obéissance et d'amour de Dieu, décédée le 3o septembre 1894 ;

Sœur *Saint-Firmin* (N. *Meniot*, à l'Oratoire sœur Saint-Charles), morte le 12 mars 1895, à l'âge de 81 ans, en grande réputation de piété ;

Sœur *Saint-Georges* (N. *Brillet*, à l'Ora-

toire sœur Saint-André), entrée au couvent
peu avant l'agrégation, et qui, après quelques
années de résidence à la Maison-Mère et un
long séjour à Saumur, fut si heureuse, disait-
elle, de revenir mourir parmi nous, au berceau de sa vie religieuse, ce que Dieu lui
accorda en la rappelant subitement à Lui, le
27 janvier 1895.

Une dernière Sœur oratorienne vit encore
à la Retraite d'Angers, où, malgré ses 89
ans, elle est un modèle d'esprit religieux et
de régularité. Attachée à la bonne Mère
Marie Sainte-Cécile dès avant son entrée au
pensionnat des Dames de Montgremier, et
fidèle aux excellents principes qu'elle en
avait reçus, cette chère sœur *Saint-Clément*
(à l'Oratoire, sœur Sainte-Julie), mérite que
son nom termine un ouvrage dédié à la
mémoire de celle qu'elle a mieux connu que
personne et pour laquelle elle continue de
témoigner la plus reconnaissante vénération.

II

**Liste des Enfants de Marie de l'Oratoire
depuis l'origine de l'Association.**

*(Les noms précédés d'une † désignent les Associées
décédées).*

Du 8 décembre 1864 :

Mlles Louise MASSONNEAU,

Nelly COSNARD,

Antoinette MYIONNET,

Aimée MÉNARD,

† Maria GILLOT,

Marie RICHOU,

Marie ACHARD,

Angèle SIGAUD,

Laure DELILLE,

† Léonie BROSSARD,

† Marie DADY,

Anna VALLÉE.

Mlle Louise **Massonneau,** 1re présidente,
élue le 8 décembre 1864.

Du 16 juillet 1865 :

Mlles Marie Planchenault,
        Cécile Godron,
        Lucile Myionnet,
        Marie Barreau,
        Marguerite Baron,
        Marie Cady.

Du 15 décembre 1865 :

† Maguerite Mestayer,
† Nelly Hardyau,
† Céline Charbonnier,
Lucile Salomon [1],
Mathide Collmann,
† Élise Baron,
Eugénie Hervier,
† Justine Renault.

Du 16 juillet 1866 :

Léonide Vallet,
† Blanche Mutti,
Juliette Passe,

[1] Lucile Salomon, en religion Mère *Sainte-Élisabeth*, de la Congrégation de la Retraite.

Mlles Bathilde Passe,
  Marie Lafuye,
  † Marie Leroy [1],
  Joséphine Taugourdeau.

Du 8 décembre 1866 :

Marie Baron,
Lucrèce Belon,
Marie Gauthier,
Berthe Launay,
Marie Ouvrard.

Du 16 juillet 1867 :

Louise Mabille,
Amélie Lebec.

Du 8 décembre 1867 :

Marie Boutelou,
Marie Gaucheron.

Mlle Antoinette **Myionnet**, 2e présidente,
  élue le 7 mars 1868.

---

[1] Marie Leroy, en religion Mère *Saint-François*, de la Congrégation de la Retraite.

Du 18 juillet 1868 :

Mlles Blanche BARON,
    † Marie JEANNIN,
    Caroline CHATEAU,
    † Rose RICHOU,
    Marie BROUTELLE.

Du 8 décembre 1868 :

Irma DOLIBARD,
Marie HUBERT,
Marie PIONNEAU,
† Marie GUYOT,
Amélie GAULTIER.

Du 27 novembre 1869 :

Julie CACHELIÈVRE,
Émilie CACHELIÈVRE,
Marie RÉVAUX.

Du 13 juillet 1870 :

Marie LERDDE,
† Marie GOIN [1],

[1] Marie Goin, en religion sœur *Marie-de-Jésus*, de la Congrégation de Saint-Charles.

Mˡˡᵉˢ Gabrielle Révaux,
Augustine Chateau,
† Élisabeth Belon.

Du 8 décembre 1870 :

† Clémentine Sarret,
Marie Prat,
Joséphine Cachet.

Du 25 novembre 1871 :

Gabrielle Pionneau,
† Berthe Gasnault,
Marie Parton,
Amélie Marchand,
Louise Richou,
Albertine Vallet.

Du 8 décembre 1871 :

Céline Danjou,
Marie Lambert.

Du 8 décembre 1872 :

Charlotte Cachet,
Léonie Coulon,

Mlles Marie Roy,

   † Pauline Goupil,

   Alphonsine Besnard,

   † Élisa Lelièvre.

Du 8 décembre 1873 :

Aline Coulon,

Anna Chêné,

Marguerite Lemée,

Amélie Saulais,

† M. Antoinette Lamotte,

Marie Raimbault,

Marie Benoist,

Marguerite Vignais,

Pauline Maugas.

Du 8 décembre 1874 :

Marie de Momigny [1],

Augustine Sauvageau,

Angèle Saulais,

† Marguerite de Kermainguy,

----

[1] Marie de Momigny, en religion sœur *Sainte-Marguerite*, de la Congrégation des Filles de la Charité.

Juliette HAVARD,
Pauline RAIMBAULT [1],
Marie SARRET,
Alexandrine PEIGNAUX,
Marguerite CHÉDANNE,
Jeanne LANGLOIS.

Du 19 mars 1875 :

Mlles † Élisabeth RICHOU [2],
Marie RAIMBAULT.

Du 8 décembre 1875 :

Mlles Émilie PIONNEAU,
† Marie GRANRY,
† Vitaline MAUGAS,
Jeanne BLAIN,
Marie LÉVESQUE [3],
Marguerite GOUPIL,

[1] Pauline Raimbault, en religion sœur *Marie-Augustin*, à la Visitation.

[2] Élisabeth Richou, en religion Mère *Saint-Henri*, de la Congrégation de la Retraite.

[3] Marie Lévesque, en religion sœur *Saint-Vincent*, de la Congrégation des Filles de la Charité.

Mlle Marie **Guyot**, 3e présidente, élue le 8 décembre 1876.

Du 8 décembre 1876 :

Mlles † Berthe PEIGNAUX,
Louise BESNIER,
Marie ESNAULT,
Marie DESPLANTES [1],
Marie LEBRETON.

Du 19 mars 1877 :

Anna RÉVAUX.

Du 8 décembre 1877 :

Gabrielle COULON,
Marie TRUEL [2],
Marie LIEUTAUD,
Marguerite MORIN,
Aline BONNAVENTURE,
Germaine ANGOT,

[1] Marie Desplantes, en religion Mère *Marie de Jésus*, de la Congrégation de la Retraite.

[2] Marie Truel, en religion Mère *Marie-Madeleine*, de la Congrégation des Ursulines de Chavagnes.

Mlles Geneviève D'ESPINAY,
Marie D'ESPINAY [1].

Du 16 juillet 1878 :

Geneviève DE LA RUE DU CAN,
Marguerite GERBIER.

Du 8 décembre 1878 :

Blanche VALLET,
Adèle BESNARD,
Augustine PRIOU,
Marie-Louise BÉHIER.

Du 8 Décembre 1879 :

L. RENAULT-LAGRANGE,
Marie GIRARD,
Marie MÉTIVIER,
Geneviève RIOBÉ,
Marie SICARD.

Du 27 novembre 1880 :

† Marie ROZÉ,
Marie BONNAVENTURE [2],

[1] Marie d'Espinay, en religion Mère *Ursule*, de l'Ordre des Bénédictines, à Solesmes.

[2] Marie Bonnaventure, en religion sœur *Marie-Agnès*, à la Visitation.

Mlles Marguerite RONDEAU,
    Albertine TRÉDILLE,
    Adeline PÉRÈS [1],
    Fulgentine GINGUE,
    Juliette GUILLAUME,
    Valentine RENAULT,
    Marie BLAIN,
    Marie THORET,
    Marie ARCHAMBAULT [2],
    Louise CHATELAIN.

Du 21 novembre 1881 :

Madeleine CHÉDANNE,
Marguerite LAGRÉMOIRE [3],
† Marie BALETTI,
Thérèse LÉVESQUE,

[1] Adeline Pérès, en religion sœur *Gonzague de Marie*, de la Congrégation de la Sainte-Famille.

[2] Marie Archambault, en religion sœur *Marie-Geneviève*, de la Congrégation de Notre-Dame du Sacré-Cœur.

[3] Marguerite Lagrémoire, en religion sœur *Marguerite-Marie*, de la Congrégation de la Sainte-Famille.

Mlles Angèle Bazin [1],
† M. Thérèse Hansott,
Yvonne Bariller,
Louise Métivier [2],
Jeanne Ménard.

Du 8 décembre 1882 :

Ernestine Devergie,
† Geneviève Fonteneau,
Lucie Bretaudière,
Léontine Audouin,
Gabrielle Bonnaventure,
Eugénie Métivier.

Du 21 novembre 1883 :

Marie Moreau,
Gabrielle Job [3],
Charlotte Girard,
Marie Delalande,

---

[1] Angèle Bazin, en religion sœur *Louise*, de la Congrégation des Filles de la Charité.

[2] Louise Métivier, en religion Mère *Saint-Christophe*, de la Congrégation de la Retraite.

[3] Gabrielle Job, en religion sœur *Claire*, de la Congrégation des Filles de la Charité.

Mᶦˡᵉˢ Marthe Juston [1],
   † Victorine Pelletier,
Jeanne Gardais.

Du 19 mars 1884 :

† Éléonore Gaucher,
Juliette Delaporte,
Pauline Lieutaud.

Du 21 novembre 1884 :

M.-Louise Betton,
Louise Ouvrard,
M.-Amélie Gasnier,
† Mélanie Toullier,
Marthe Chasle [2],
Clémentine Job [3],
Jeanne Bouvier,
Clémentine Juteau,

[1] Marthe Juston, en religion Mère *Saint-Adolphe*, de la Congrégation de la Retraite.

[2] Marthe Chasle, en religion Mère *Saint-Gildas*, de la Congrégation de la Retraite.

[3] Clémentine Job, en religion sœur *N****, de la Congrégation des Filles de la Charité.

Mlles M.-Antoinette Audouin,
    Alice Rondeau,
    Laure Decout.

Du 21 novembre 1885 :

Juliette Chedanne,
Marie Guinut,
M.-Louise Henry [1],
Pauline Simon,
Amélie Rondeau,
Claire d'Espinay,
Marie Garreau [2].

Du 28 novembre 1886 :

M.-Thérèse Bouvier [3],
Eugénie Sicard,
Suzanne Pineau,
Marguerite Mouly,
M.-Th. Hervé-Bazin.

[1] M.-Louise Henry, en religion Mère *Sainte-Clotilde*, de la Congrégation de la Retraite.

[2] Marie Garreau, en religion Mère *Marie-du-Crucifix*, de la Cong. des Réparatrices de Toulouse.

[3] M.-Thérèse Bouvier, en religion Mère *Saint-Émilien*, de la Congrégation de la Retraite.

Du 10 mai 1888 :

Mlles † Juliette Rougé,
† Madeleine Ruault,
Renestine Betton,
Juliette Frémy,
Berthe Yvon,
Marguerite Cocard,
Charlotte Duval,
Gabrielle François,
M.-Thérèse Soron,
Marthe Bonnefond,
Thérèse Burgevin,
Marie Guillot,
Berthe Fraquet,
Marie Juston,
M.-Louise Brisset.

Du 30 mai 1889 :

M.-Louise Grandin,
Marguerite Perrault,
Marguerite Soron,
Françoise de Tarlé,
Blanche Bruas,
† Lucie Digne,

Mlles † Marguerite GUITTONNEAU,
    Yvonne MÉGNEN,
    Marguerite BONNAVENTURE.

Du 7 décembre 1889 :

M. Louise HAMONET,
Marie LEBRETON,

Du 15 mai 1890 :

M.-Thérèse MANGONNEAU,
Madeleine MÉNARD,
Camille AUBERT,
Berthe BERGER,
M.-Thérèse MENU,
Marie PERDREAU [1],
Jeanne GERMAIN.

Du 8 décembre 1890 :

Anne Lebreton [2],
M.-Pauline TOUBLANC.

[1] Marie Perdreau, en religion Mère *Marie-Saint-Clément*, de la Congrégation de la Retraite.

[2] Anne Lebreton, en religion Mère *Saint-Donatien*, de la Congrégation de la Retraite.

Du 7 mai 1891 :

Émilie VIAUD,
Marg.-Marie HAMONET [1],
Gabrielle LECONTE,
Anna ECHMANN [2],
Madeleine BIZARD,
Marguerite TOULLIER.

Du 26 mai 1892 :

Mlles Germaine RICOU,
Louise FONTENEAU,
Victorine CHEVALIER,
M.-Louise GRIOT,
Albertine PERRAULT,
Joséphine BARON,
Hélène GRAVELEAU,

Mlle Marthe **Chasle,** 4e présidente, élue le 7 décembre 1892.

[1] Marg.-Marie Hamonet, en religion Mme *Marie-des-Anges*, de la Congrégation de N.-D. des Anges.

[2] Anna Echmann, en religion Mère *Sainte-Hyacinthe*, de la Congrégation de la Retraite.

Du 11 mai 1893 :

Mlles Charlotte Bouvier,
  Marguerite Guillaume,
  Marie Parenteau,
  Élisabeth André,
  Jeanne Ricou,
  Marie Gavouyère,
  Madeleine Hardouin,
  Christine Hédelin,
  Madeleine Mégnen,
  Madeleine Petit,
  Louise Bourigault,
  Marie Liège,
  Thérèse Hamonet [1].

Du 3 mai 1894 :

  Madeleine Ricou,
  Marie-Louise Gond,
  Yvonne de Roulhac,
  Élisabeth Gripat,
  Henriette Herpin,
  Amélie Herpin,

[1] Thérèse Hamonet, en religion Mme *Marie-Victor*, de la Congrégation de N.-D. des Anges.

Mlles Jeanne Laurenceau,
    Émilie Giffard,
    Blanche Germain,
    Marguerite de Roulhac,
    M.-Aimée Mangonneau,
    Madeleine Luce,
    Juliette Méria,
    Élisabeth Machet,
    Anna Douet.

Mlle Gabrielle **Job**, 5e présidente, élue le 8 décembre 1894.

Du 19 mars 1895 :

Mlles Marie Lebannier,

Du 23 mai 1895 :

    Valentine Féron,
    Germaine Bouhier,
    Madeleine Fabre,
    Élisabeth Boisnet,
    Nelly Courtois,
    M.-Louise Houdet,
    Judith Bellegy,

Mlles M.-Thérèse Hunault,
M.-Claire Petiteau.

Du 7 décembre 1895 :

Madeleine Guittonneau.

Du 30 avril 1896 :

Élisabeth Freulon,
Jeanne Verrier,
M.-Louise Foucault,
M.-Louise Grassin,
Louise Guyon,
Lucie Marçais,
M.-Berthe Périgault,
Louise Tessier,
Jeanne Mercier,
Yvonne Adant,
Jeanne Daburon,
Cécile Daburon,
M.-Rose Gripat.

Du 8 décembre 1896 :

Marie-Thérèse Cozien.

Du 27 mai 1897 :

Mlles Madeleine BAZIN,
    Antoinette RONDEAU,
    Valentine GOSSE-DUBOIS,
    Louise GOSSE-DUBOIS,
    Marie ROYNET,
    Lucie GAVOUYÈRE,
    M.-Louise AUBERT.

Mlle Clémentine **Job,** 6ᵉ présidente, élue le
    27 mai 1897.

Du 19 septembre 1897 :

Mlles Madeleine POMPON.

Du 8 décembre 1897 :

Geneviève ROCHARD.

Du 15 mai 1898 :

Madeleine BILBILLE,
Marie PASQUIER,
Jeanne BEAUFILS,
Gabrielle RONDEAU,
Madeleine GRIOT,
Marguerite GICQUEL.

Du 7 décembre 1898 :

Mlle Marguerite ANDRÉ.

Mlle Marguerite **Mouly**, 7ᵉ présidente, élue le 7 décembre 1898.

III

Note sur la première pierre de l'église Notre-Dame

On achevait d'imprimer cet ouvrage lorsque, le samedi 4 mars dernier, les ouvriers chargés de dresser l'emplacement de la future église Notre-Dame ont découvert, à la base du mur du chœur de l'ancienne église, au point marqué sur notre plan de 1899, la première pierre de la construction élevée par les Oratoriens. Entre deux tuffeaux, épais chacun d'environ 0^{m}10, était encastrée une magnifique plaque de cuivre rouge de 0^{m}43 sur 0^{m}32, sur laquelle nous avons relevé l'inscription dont nous donnons ci-après le texte latin et la traduction.

Nous avons pensé que ce document inédit, qui confirme et complète les détails donnés plus haut (p. 84), était propre à intéresser nos lecteurs, et, pour le rendre plus compréhensible, nous le faisons suivre de quelques explications relatives aux personnages qui y sont mentionnés.

Du reste, pour plus amples renseignements, on pourra consulter la note dont nous avons récemment donné lecture à la *Société Nationale d'Agriculture, Sciences et Arts d'Angers*, et que l'on trouvera dans le volume de ses Mémoires (année 1899), avec la reproduction, en simili-gravure, de l'inscription que nous citons et traduisons ici.

(Voir à la page suivante.)

IN NOMINE
SANCTISSIMÆ TRINITATIS
SUMMO PONTIFICE CLEMENTE X.
REGE LUDOVICO XIIII.
LUDOVICO ABELE DE SAINCTE MARTHE
congregationis Oratorii D. Jesu præposito generali
NOVUM HOC TEMPLUM
AUG^{mo} EUCHARISTIÆ SACRAM^{to}
CONSECRANDUM
a fundamentis excitarunt ejusdem congregationis
sacerdotes
& quod faustum felixque sit
PRIMARIUM EJUS LAPIDEM
posuit dicavitque
ILLUSTRISSIMUS ECCLESIÆ ANDEGAVENSIS EPISCOPUS
HENRICUS ARNAULD
adstantibus Nobilibus & clarissimis viris
CAROLO DE BEAUMONT D'AUTICHAMP
Arcis & urbis Andegavensis Præfecto
vice et nomine
SERENISSIMI PRINCIPIS LUDOVICI DE LORRAINE
Comitis d'Armagnac Magni Regis Scutiferi
& Andium Proregis
LUDOVICO BOYLESVE JURIS DICUNDI PRÆTORE REGIO
ET
CAROLO POISSON DE NEUFVILLE URBIS MAIORE AMPLISSIMO
Anno reparatæ salutis M.DC.LXXIV.
XIIII Kal. Junii.
Madellain fecit.

Au nom

DE LA TRÈS SAINTE TRINITÉ

Sous le pontificat de Clément X

et le règne de Louis XIV

Louis-Abel de Sainte-Marthe

étant Supérieur général de la Congrégation de l'Oratoire de Jésus

Les prêtres de ladite Congrégation

Ont jeté les fondements de cette nouvelle église

qui doit être consacrée

AU TRÈS AUGUSTE SACREMENT DE L'EUCHARISTIE

et

pour assurer le succès de l'entreprise

La première pierre de cet édifice

a été posée et bénie

par l'Illustrissime Évêque d'Angers

HENRI ARNAULD

en présence des nobles et distingués

Charles de Beaumont d'Autichamp

Commandant du Château et de la ville d'Angers

au nom et lieu

du Sérénissime Prince Louis de Lorraine

Comte d'Armagnac, grand-écuyer de France

et gouverneur d'Anjou

Louis Boyslesve, lieut^t général en la sénéchaussée d'Anjou

et

Charles Poisson de Neufville, maire de la ville

L'an de grâce MDCLXXIV

Le 19 Mai

Madellain ecit.

1° Clément X, d'origine romaine, élu pape à l'âge de 80 ans, en 1670, mourut en 1676. Son court pontificat n'offre aucune particularité remarquable.

2° Louis-Abel de Sainte-Marthe, quatrième successeur du P. de Bérulle, « homme considérable par la naissance, par la science, par la piété, par le zèle à s'acquitter de tous les devoirs du sacerdoce, » écrit le cardinal Perraud [1], mais trop favorable aux Jansénistes, ce qui lui valut, avec l'hostilité de l'archevêque de Paris, François de Harlay, la sévérité du roi, et l'obligea enfin à se démettre de sa charge après un généralat de 24 ans (1672-1696).

3° Les Oratoriens d'Angers devaient avoir alors pour supérieur et principal du Collège d'Anjou le Père *Cocqueri*, qui, pour défendre ses professeurs accusés d'enseigner, malgré les ordonnances royales, les doctrines cartésiennes, entama, en 1675, avec l'Uni-

---

[1] P. Adolphe Perraud, *L'Oratoire de France au XVII° et au XIX° siècle*. Paris, Ch. Douniol, 1866, p. 217-218.

versité d'Angers, cette longue et ardente polémique dont le procureur *François Babin*, rédacteur des *Conférences d'Angers*, nous a conservé le curieux dossier.

4° Depuis l'origine, la maison de l'Oratoire d'Angers était consacrée au Très Saint Sacrement ; il était naturel d'élever sous le même vocable la nouvelle église.

5° On connaît Henri Arnauld. D'abord abbé de Saint-Nicolas, puis évêque d'Angers, de 1650 à 1692, il s'appliqua avec zèle à la réforme religieuse de son diocèse par ses nombreuses ordonnances, par ses synodes et par ses propres exemples. D'une vertu austère, qui, avec ses grandes charités, lui valut la vénération du peuple, il eut le tort grave d'épouser les idées de son frère Antoine, dit « le *Grand Arnauld* », et de favoriser les Jansénistes de tout son pouvoir, entre autres les Oratoriens. C'est donc autant par amitié pour ces prêtres que par le privilège de son caractère, qu'il vint bénir la première pierre de leur église.

6° Charles de Beaumont d'Autichamp,

comte de *Miribel*, originaire du Dauphiné, servit d'abord avec distinction sous les ordres du comte d'Harcourt, au début du règne de Louis XIV, et ménagea la réconciliation de son maître avec Mazarin, à la fin de la Fronde, en 1653. A la mort du comte d'Harcourt, qui avait été nommé gouverneur d'Anjou, son fils, le prince Louis de Lorraine, comte d'Armagnac, dont parle notre inscription, hérita de cette charge (1666), mais obtint du roi d'être représenté en Anjou par Charles d'Autichamp, qui reçut ainsi le commandement du château et de la ville d'Angers. C'est à ce titre qu'il assista à la bénédiction de notre première pierre. Il était, du reste, remarque Grandet, l'homme de Dieu autant que l'homme du roi, d'une dévotion et d'une charité parfaites, et d'un zèle admirable pour la réforme et la correction des mœurs.

7° Louis Boylesve, sieur de la *Gillière*, d'abord conseiller assesseur au Présidial, puis, comme son père, lieutenant-général en la sénéchaussée d'Anjou, fut nommé, en 1652, conseiller du roi, et plus tard président du Présidial. C'est ce magistrat qui, au temps de la Fronde (17 janvier 1652), fut arrêté en plein palais par le duc de Rohan, gouverneur d'Anjou, révolté contre Mazarin, et fut emmené au château, en robe et en bonnet, sans que personne osât protester.

8° Charles Poisson de Neufville, maire d'Angers de 1672 à 1676 inclusivement, avait un titre spécial pour assister à la bénédiction de notre première pierre, la ville s'étant engagée à contribuer aux frais de la construction de l'église.

TABLE DES MATIÈRES

APPENDICE

Angers, imp. Germain et G. Grassin. — 632—99.

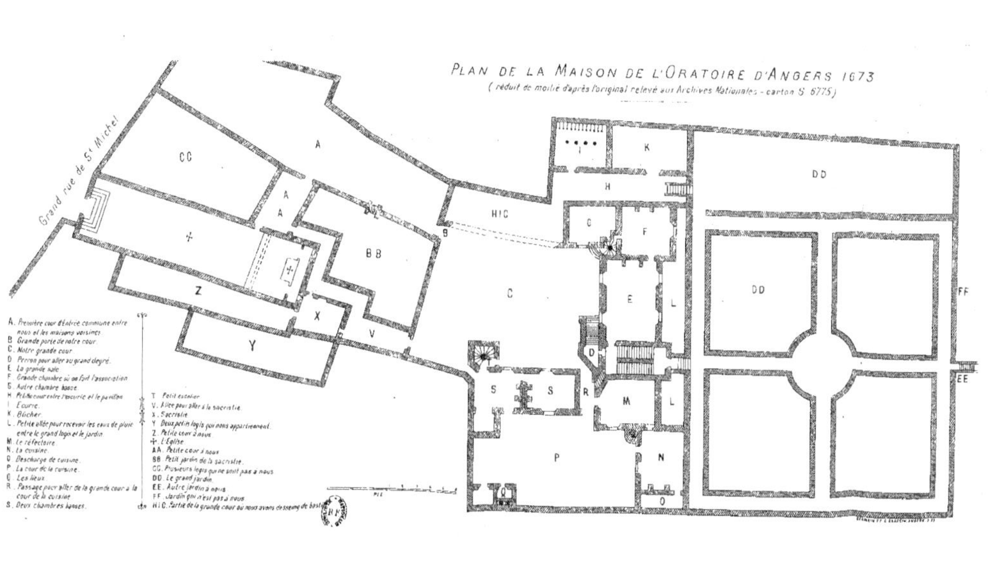

Plan de la Maison de l'Oratoire d'Angers 1673
(réduit de moitié d'après l'original relevé aux Archives Nationales - carton S 6775)
Grand rue de St Michel
A. Première cour d'entrée commune entre nous et les maisons voisines.
B. Grande porte de notre cour.
C. Notre grande cour.
D. Perron pour aller au grand degré.
E. La grande sale
F. Grande chambre où on fait l'association
G. Autre chambre basse.
H. Petite cour entre l'escurie et le pavillon
I. Escurie.
K. Bûcher.
L. Petite allée pour recevoir les eaux de pluie entre le grand logis et le jardin.
M. Le réfectoire.
N. La cuisine.
O. Descharge de cuisine.
P. La cour de la cuisine.
Q. Les lieux.
R. Passage pour aller de la grande cour a la cour de la cuisine
S. Deux chambres basses.
T. Petit escalier
V. Allée pour aller à la sacristie.
X. Sacristie.
Y. Deux petits logis qui nous appartiennent.
Z. Petite cour à nous
†. L'Église.
AA. Petite cour à nous
BB. Petit jardin de la sacristie.
CC. Plusieurs logis qui ne sont pas à nous
DD. Le grand jardin.
EE. Autre jardin à nous
FF. Jardin qui n'est pas à nous
HIC. Partie de la grande cour où nous avons desseing de bastir

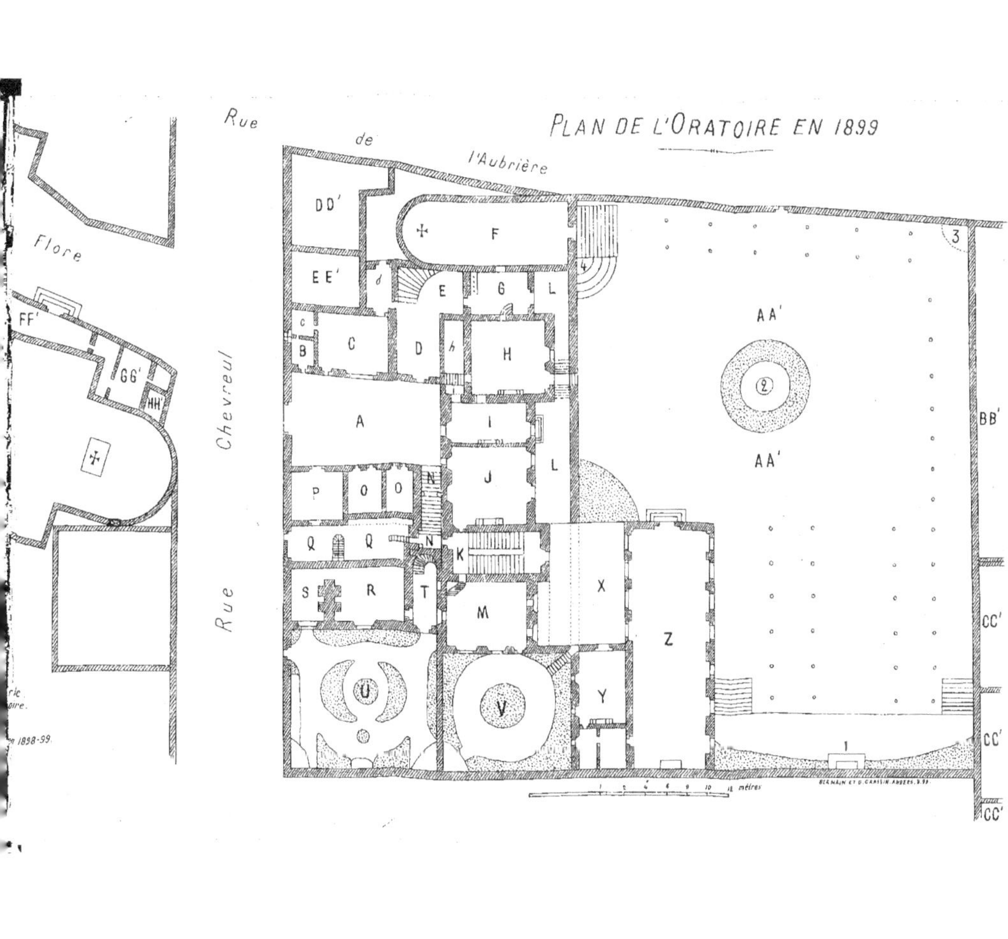

Rue
de
l'Aubrière
Flore
Rue Chevreul
Rue
FF'
GG'
HH'
DD'
EE'
c
B
C
d
E
D
h
F
G
L
H
A
I
J
L
P
O
O
N
Q
Q
N
K
S
R
T
M
U
V
X
Y
Z
AA'
AA'
BB'
CC'
CC'
CC'
PLAN DE L'ORATOIRE EN 1899
mètres

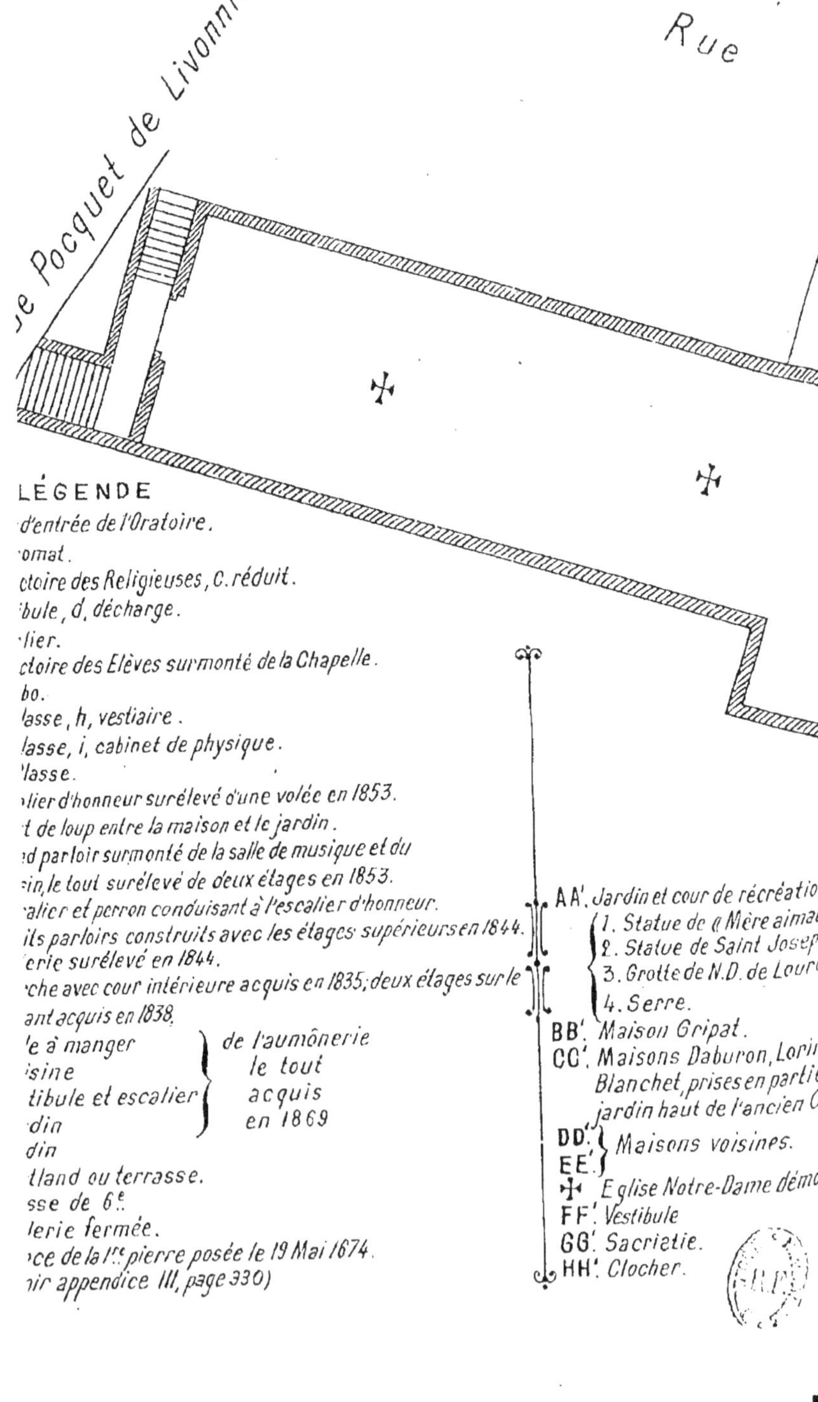
Rue Pocquet de Livonnière
Rue
LÉGENDE
d'entrée de l'Oratoire.
omat.
ctoire des Religieuses, C. réduit.
bule, d, décharge.
lier.
ctoire des Elèves surmonté de la Chapelle.
bo.
lasse, h, vestiaire.
lasse, i, cabinet de physique.
lasse.
lier d'honneur surélevé d'une volée en 1853.
t de loup entre la maison et le jardin.
d parloir surmonté de la salle de musique et du
in, le tout surélevé de deux étages en 1853.
alier et perron conduisant à l'escalier d'honneur.
its parloirs construits avec les étages supérieurs en 1844.
erie surélevé en 1844.
che avec cour intérieure acquis en 1835; deux étages sur le
ant acquis en 1838.
e à manger
sine   de l'aumônerie
tibule et escalier   le tout
din   acquis
din   en 1869
tland ou terrasse.
sse de 6e.
lerie fermée.
ce de la 1re pierre posée le 19 Mai 1674.
ir appendice III, page 330)
AA'. Jardin et cour de récréations.
1. Statue de « Mère aimable »
2. Statue de Saint Joseph.
3. Grotte de N.D. de Lourdes
4. Serre.
BB'. Maison Gripat.
CC'. Maisons Daburon, Lorin &
Blanchet, prises en partie s
jardin haut de l'ancien Ora
DD'.
EE'. } Maisons voisines.
✝ Eglise Notre-Dame démolie
FF'. Vestibule
GG'. Sacristie.
HH'. Clocher.

R[

A. Cour
B. Econ
C. Réfe
D. Vest
E. Esca
F. Réfe
G. Lava
H. 2ᵉ C
I. 1ᵉ C
J. 3ᵉ C
K. Esca
LL. Sau
M. Gran
    dess
NN. Esc
OO. Pet
P. Port
QQ. Por
    dev.
R. Sal
S Cui
T. Ves
U. Jar
V. Jar
X. Por
Y. Cla
Z. Ga
⊠ Pla
  (V

ns
ble
h
tes

E
s
ra

lie